《第二语言学习研究》第十一辑

（2020 年 12 月）

U0732849

目　录

Second Language Learning Research

Number 11   December 2020

Special Section: Child Language Acquisition Research (Organized by Yaping Chen)

Empirical Studies

Review Articles

Book Reviews

"儿童语言习得研究"专栏主持人语

北京外国语大学　　陈亚平

英语作为国际通用语言，不仅是各国经济文化交流的必要工具，更是各国之间相互竞争的重要手段。时至今日，英语已经成为每个受教育者必须学习的一门语言。语言习得的最佳时段是婴幼儿和少儿时期，二语习得也是如此。新一代家长自身经历了英语学习热潮，更加关注英语教育，格外关注语言敏感期，为了孩子将来在语言方面的优势，选择让在孩子童年时期就开始学好英语。英语学习的起始阶段在很多地方也从最初的初中提前到幼儿园和小学。儿童已经成为二语学习者群体中无法忽视的生力军。

然而，我国英语学习费时低效的问题仍旧存在。这其中有各种原因，但对儿童二语习得研究偏少是其中之一。在二语习得界，尽管学者们都承认成人和儿童在二语习得过程及成就方面差异很大，但关于成人的研究要远超于关于儿童的研究，其结果就是大量的成人研究发现被直接套用到儿童身上。目前我们亟须对现有儿童二语习得理论和实践进行再思考，盘点国内外儿童二语习得研究成果，结合儿童认知发展特征以及新的信息技术习得环境，开发新的理论和新的课堂教学和课外学习实践，来解释儿童二语习得，帮助儿童高效地掌握二语。

为此，我们组织了儿童二语习得专栏，精选了六篇论文，其中四篇为综述性论文，两篇分别为专题论述和实证研究。第一篇《儿童二语习得研究的视角与环境：发现与启示》梳理儿童二语习得领域重要议题的研究视角及儿童二语习得环境两方面近30年来的文献，指出相关研究在理论视角、研究方法、研究内容和研究主题上的局限性，对拓展儿童二语习得研究具有重要启示。第二篇《具身认知视角下的儿童阅读研究》详细介绍了具身认知相关理论，以及这些理论在具体文本、抽象文本、阅读策略和二语阅读等不同文本和场景中的典型应用研究，为具身认知视角下儿童阅读的研究指明了方向。第三篇《信息技术环境下儿童二语阅读研究综述——国内外大数据可视化比较研究》以 Web of Science 和 CNKI 的大数据可视化期刊文献为数据来源，运用文献计量、共词分析和社会网络方法，从学科分布、国别分布、期刊分布和关键词主题演进等方面对国内外信息技术环境下的儿童二语阅读研究领域的总体情况进行量化比较研究，探讨信息技术环境下儿童二语阅读的研究现状、研究热点以及未来的发展趋势，旨在促进国内该领域借鉴国际先进研究方法，进一步拓展相关研究。第四篇《语音意识对儿童英语习得的影响：国内研究综述》综合国内 20 多年来（1998—2020）语音意识对汉语儿童习得的影响研究，详细回顾了该领域在两个核心议题上的研究：英语语音意识对汉语儿童英语阅读和拼写的影响；汉语语音意识对汉语儿童英语阅读的影响，并对国内研究存在的问题进行了总结。

　　专题论述《儿童早期英语阅读发展关键因素》在综合先前研究的基础上，总结出影响儿童早期英语阅读发展的三大关键因素：听说能力、拼读能力和内在兴趣，提出听说领先、拼读跟进、兴趣为上的儿童早期英语阅读发展理念；实证论文《提取练习作为形成性评估工具在初中英语课堂上的应用效果》以国内三个初中英语班级为受试，比较不同形式的提取练习效应，发现提取练习作为形成性评估的工具，在课堂上合理地运用，一方面可以提高学习效率和改善学习效果，另一方面可以帮助学生了解自己的知识吸收情况。

　　我们希冀本专栏的推出，能够进一步推进我国儿童二语习得研究。

儿童二语习得研究的视角与环境：发现与启示[*]

中央财经大学　张润晗

提要： 儿童与成人相比有其自身的特点和学习过程，成人二语习得研究成果丰富但不适合直接运用和推广到儿童二语习得领域。与成人二语习得研究相比，儿童二语习得研究领域尚有不少待开发的主题。本文从儿童二语习得领域的重要议题研究视角及环境两方面，对近30年来的文献及研究进行梳理。通过分析和总结，讨论了对儿童二语习得研究的启示。

关键词： 儿童二语习得；研究视角；环境

1. 引言

　　二语习得领域的理论与实证研究目前主要以成人二语学习者为研究对象，关注儿童二语学习者的研究还很少。众所周知，儿童二语习得与成人二语习得在特征和学习过程上均差异明显，儿童二语习得领域有自身的困惑与问题（Paradis 2007）。正如Thompson & Jackson（1998：223）所说，"二语研究者不能像对待成人研究对象那样对待儿童，因为他们的能力、观点和需求与成人不同。儿童进入研究环境的方式独一无二，同时由于儿童的参与，研究会遇到不同的风险和收获"。国外不少学者近些年开始关注儿童二语习得领域，并取得了一定成果（Enever *et al.* 2009；Philp *et al.* 2008），但与成人二语习得研究相比依旧明显落后。

　　与国外相比，我国儿童二语习得研究还处于起步阶段，且尚未成为二语习

---

　　* 本文得到北京外国语大学英语学院中国儿童语言研究中心资助。

得领域研究的聚焦点，关于儿童二语习得的综述论文更是少之又少（Philip *et al.* 2008）。目前能检索到最新的两篇综述论文分别为杨莉芳（2017a）和Oliver & Azkarai（2017）。两篇文章均采用叙述性文献综述的方法对关键期假设和年龄因素等儿童二语习得领域核心问题进行了较全面的梳理和回顾，但对研究视角和环境这两个在成人二语习得领域的重点问题未有深入探讨。鉴于基础阶段外语教育的重要性和儿童群体自身的特点（马拯 2016），本文参考以上两篇儿童二语习得研究综述并基于广泛的文献检索，对以儿童二语学习者为研究对象的二语习得研究视角和环境进行评述，以期厘清本领域的重要议题，提出对儿童二语习得研究的启示。本文关注的儿童二语学习者其年龄应为三四岁至12岁左右（杨莉芳 2017a）。

2. 儿童二语习得研究视角

　　二语习得研究的两个主要目标是定义并描述二语学习者的语言知识以及为语言知识的发展提供解释。经过50多年的发展，二语习得研究已逐步形成了适合本领域的理论体系和研究方法。但由于对二语习得现象的理解不同，研究的视角与范式就不尽相同。目前以儿童为研究对象的二语习得研究大多采用互动主义或社会文化视角。

2.1　互动主义视角

　　基于互动主义视角的互动假说（The Interaction Hypothesis）由Long于1981年提出，建立在Krashen（1981）的输入假说基础上，并被广泛认为是对输入假说的拓展和延伸。互动假说又被称为输入、互动和输出模式（Block 2003）、互动理论（Carroll 1999）、口语互动假说（Ellis 1991）和互动方法（Gass & Mackey 2007），是二语习得研究领域的核心理论。Krashen的输入假说将可理解性输入（Comprehensible Input）作为语言习得的唯一途径，认为互动只是促使输入被理解的三种方法之一，另外两种方法分别是简化输入和运用上下文（Krashen 1981）。输入假说认为，尽管互动活动是获取可理解性输入的一个好方法，但它并不是必需的，更没有任何特别优势。而Long的互动假说一方面承认输入在二语习得中的重要性，另一方面却认为互动，也就是意义协商（Negotiation of Meaning，通常简称NoM），在二语习得中起决定作用。Long（1981）区分了输入与互动两个语言现象，并给出了明确定义。他认为，"输入针对的是语言形式；而互动针对的是语言形式的功能，如扩展、重复和澄清等"（Long 1981：259）。Long指出，对话与互动在二语习得的过程中至关重要。Ellis（1991）认为互动假说对互动在二语习得中的作用有两个主要论述值得注意，即：1）可理解性输入对二语习得非常必要；2）话语互动式结构调整在协商交际问题时使输入具有可理解性。Krashen输入假说中的可理解性输入正是源于互动调整（Modified Interaction）。语言输入在互动中越是被询问、解释、修正，其可理解性就会越高。互动调整在意义协商的过程中帮助简化语言，使语言易于理解，同时输入语言中还包含着学习者所不了解的语言因素，从而促进语言习得。

Long（1981，1983，1996）理论的重要性在二语习得领域不言而喻。因此，儿童二语习得领域很多实证研究都基于这一范式。例如，Oliver（1998，2002）的系列研究主要讨论儿童互动对二语习得的影响和互动中意义协商策略的使用。Oliver（1998）试图了解儿童二语学习者是否能像成人一样进行互动和意义协商，因此进行了一项大规模研究，以检验192名8—13岁儿童不同类型两人组合（非母语者—非母语者、母语者—非母语者和母语者—母语者）在完成两个交际任务时的互动情况，并将儿童互动与成人互动进行比较。研究结果显示儿童与成人一样会进行意义协商而且也会运用多种策略（如：理解核实，澄清要求，确认核实和重复等），但儿童运用这些策略的比率要远低于成人。Oliver因此得出结论，与成人一样，儿童间的意义协商为儿童二语习得同样带来益处。随后，Oliver（2002）着重研究了儿童二语学习者互动中对话双方的母语程度和二语能力水平对意义协商策略使用的影响，研究对象依旧是192名8—13岁儿童。通过分析32对非母语者—母语者、48对非母语者—非母语者和16对母语者—母语者的互动情况发现意义协商策略的使用受母语程度和二语能力水平的影响。使用意义协商策略频率如下：非母语者—非母语者>非母语者—母语者>母语者—母语者，这说明二语水平越低的两人组合越多地使用意义协商策略。

还有一些基于互动范式的研究集中在负面反馈的效用上。例如，Mackey & Oliver（2002）以8—12岁22名在澳大利亚某语言中心学习的儿童为研究对象，将他们分为接受隐性反馈的实验组（互动+隐性反馈组）和仅有互动的控制组（互动组），考察他们对英语问题形式的习得情况。结果显示接受隐性反馈的实验组（重述和协商）比仅有互动的对照组在英语学习上进步更大。这项研究表明，儿童在互动反馈的作用下二语会像成人一样发展。但与成人相比，儿童的中介语似乎受到反馈的影响相对更大。邓跃平（2011）以36名9—10岁中国儿童英语学习者为研究对象，也证明隐性反馈—重述能够促进儿童英语的发展。Pinter（2006）研究了20名匈牙利10—11岁儿童英语学习者在完成"找不同"（spot the differences，通常简称 StD）任务时所使用的互动策略，并将其与10名成人英语学习者的互动策略比较。结果显示儿童可以提供引起和促进二语习得的反馈，但他们对任务的掌控与成人差距较大，所使用的互动策略也不尽相同。与以往研究多采用定量研究方法不同，Pinter（2007）采用定性研究方法以一对10岁的匈牙利儿童英语学习者为研究对象，采用访谈、反思等研究同伴互动。研究发现在此年龄段的儿童英语水平较低，同伴互动可以为他们的二语发展带来很多好处。

　　无论采用定量方法还是定性方法，我们都可以从以往的研究中得出以下结论：1）儿童互动促进儿童二语习得；2）儿童也可以如成人一样在互动中提供有效反馈，这种反馈可以促进儿童的二语发展。同时，我们还发现这些研究主要以认知主义为基础研究互动，其聚焦点与社会文化视角下互动研究的聚焦点又有所不同。

2.2　社会文化视角

　　社会文化理论（Socio-cultural Theory）是二语习得研究在认知主义外的新方向，形成于20世纪80年代，由苏联心理学家Vygotsky（1978，1987）提出。Vygotsky将人的心理机能分成作为生物进化结果的低级心理机能和由社会文化历史发展形成的高级心理机能，并提出了内化（internalization）、中介（mediation）和最近发展区（zone of proximal development，ZPD）三个核心概念，它们分别是个体心理机能的发生和发展机制、核心以及动态过程（郗佼2020）。社会文化理论认为认知视角下的二语习得研究忽视了学习者所处的社会文化环境对学习过程的影响，认为语言学习并不完全依赖学习者对语言知识的内化，而是社会互动的结果。对二语习得者来说，语言的发展产生于社会交往的过程中，在社会交往中语言学习者积极参与意义建构，并通过该过程习得二语。

　　在儿童语言习得领域，社会文化理论解释了儿童的学习和发展，并使人们能够更好地理解儿童的学习以及成人和同伴对他们学习过程的影响。近十年来，社会文化视角成为二语习得研究的重要趋势之一，也为外语教学实践提供了许多全新的认识。社会文化视角也多以研究互动为主，但与认知视角不同，采用社会文化视角的互动研究多聚焦在研究语言游戏、互动模式及动态变化上。然而基于社会文化理论的儿童二语习得研究还处于起步阶段，实证研究较少。这其中有几项研究值得注意，即Broner & Tarone（2001）及Butler & Zeng（2014，2015）。游戏是Vygotsky社会文化发展理论中尤其重要的活动。通过游戏与他人合作，儿童可以创建最近发展区，这使儿童在他人的支持下具有超出他们现有能力的表现。Vygotsky视角的语言游戏是一种练习，而非娱乐性质的。基于此，Broner & Tarone（2001）以3名接受西班牙语沉浸式教学的小学五年级儿童为研究对象，历时5周记录了他们与不同对话者在课堂自然状态下语言游戏中的互动。结果显示语言游戏对这3名儿童的二语发展起了重要作用。与Broner & Tarone（2001）不同，Bulter & Zeng（2014，2015）在任务互动中探索不同年龄段中国儿童英语学习者（9—10岁及11—12岁）的互动模式、互动特征以及自我评估情况。研究结果显示9—10岁年龄组儿童二语学习者的任务参与度较低且在不同任务中所使用的互动模式并不稳定，也就是说互动模式随着任务的不同而有动态变化。但11—12岁年龄组二语学习者则显示出较高的参与度及高度合作的模式，然而他们对二语能力的自我评估却低于9—10岁年龄组。Bulter & Zeng（2015）将其归因于9—10岁年龄组儿童对课堂语言任务所期望的交际互动理解和熟悉度不足。

通过回顾和梳理可以发现，与基于认知视角的互动主义儿童二语习得实证研究相比，基于社会文化视角的儿童二语习得研究无论从数量还是主题上都差距较大。

3. 儿童二语习得中的环境因素

环境（context）对语言学习非常重要（Muñoz 2008，2014；Murphy 2014）。不同语言学习环境下二语学习者接触语言及学习语言的机会截然不同，因此研究者很难将一种环境下的研究发现推广到另一种环境中（Azkarai & Oliver 2019；García Mayo & Lázaro-Ibarrola 2015）。儿童二语习得研究者尤其需要特别关注二语环境、外语环境、沉浸式环境和内容语言整合式环境对儿童二语习得的影响（Murphy 2014）。

3.1 二语环境和外语环境

二语环境和外语环境代表了两种截然不同的语言学习环境。前者是目标语环境，后者是非目标语环境。二语环境相对外语环境来说，能够为语言学习者提供更多学习机会和时间。在二语环境中，学习者无论在课堂上还是在社会生活中接触的语言都是目标语，在这种情况下目标语的输入要远远大于外语环境中目标语的输入。在大多数外语环境中语言学习者每周仅接受2—5小时的目标语教学（García Mayo & Lecumberri 2003；Muñoz 2006）。而语言学习者在二语环境中却能长时间全方位地接触目标语，这显然对他们掌握目标语言有一定的益处。此外，二语环境相对于外语环境而言，能够为语言学习者提供更多产出目标语的机会并带来心理上的影响，从而影响语言学习和发展。语言的最大功能就是交际，如果我们学习一种语言却不会用这种语言进行沟通交流，那么可以说语言学习在某种程度上是失败的。当语言学习者处于一种交际环境时，他的交际对象可能有同学、老师和社会成员。二语环境能够为语言学习者提供这三种交际对象，而外语环境只能为学习者提供两种交际对象。虽然现在网络资源丰富可以提供足够的目标语输入，但儿童二语学习者是否能有效利用网络资源、网络资源是否能为儿童二语学习带来益处等问题还不清晰（Oliver & Azkarai 2017）。

由于输入的质和量不同，两种环境对儿童二语习得的影响不言而喻，但需要实证研究验证和支持。目前比较二语环境和外语环境对儿童二语习得影响的实证研究还比较匮乏。Lázaro & Azpilicueta-Martínez（2015）以7—8岁儿童二语学习者为研究对象，考察在英语作为外语环境（西班牙）下儿童学习者在教室中做游戏时的互动策略，并将结果与二语环境中成人和儿童二语学习者进行了对比，得出以下结论：1）这些7—8岁的儿童二语学习者在做游戏过程中进行了意义协商，但比英语作为二语环境下成人和儿童二语学习者进行意义协商的次数要少得多；2）除了理解核实外，这些儿童运用的策略与英语作为二语环境下成人和儿童学习者所运用的策略相同；3）这些儿童在互动中使用了另一策略，即他们共同的母语——西班牙语；4）即使这些儿童的英语水平很低，他们还是能够运用英语来进行合作完成任务。Azkarai & Oliver（2019）是为数不多直接对比两种环境的实证研究。研究者考察了两种环境（英语作为二语和英语作为外语环境）中任务重复对重述和意义协商两种负面反馈策略的影响。研究对象是12名来自不同国家在澳大利亚学习英语的7—8岁儿童英语学习者和12名7—8岁在西班牙学习英语的西班牙儿童英语学习者。研究者将两类儿童学习者分别进行两两分组，重复运用"找不同"任务来考察英语作为二语环境和英语作为外语环境中儿童学习者使用负面反馈的情况。主要有以下发现：1）与英语作为二语环境下的儿童学习者相比，英语作为外语环境下的儿童学习者在两次任务中犯的错误更多；2）在反馈方面，英语作为二语环境下的儿童学习者说得更多，运用重述策略更多。而英语作为外语环境下的儿童学习者则更多地运用意义协商策略，并且协商确实使学习者克服了任务互动中的困难。研究者认为这样的结果主要是由两类儿童英语学习者接收到的目标语输入量以及接触英语机会的不同造成的。研究者认为即使研究中英语作为外语环境下的儿童学习者开始学习英语的年龄早于英语作为二语环境下的儿童学习者，由于他们接收到目标语的输入量较少且接触英语机会较少，他们的英语水平也将会低于英语作为二语环境下的儿童学习者。也就是说年龄因素这一儿童二语习得领域的关键因素都不及环境的差异为儿童二语习得带来的影响。

3.2　沉浸式环境

另一种儿童二语习得产生显著影响的学习环境是沉浸式环境。沉浸式教学是指用二语作为教学语言教授各个科目的教学模式。该教学模式于1960年起源于加拿大。当时生活在魁北克的英语家庭发现当地的法语教学并不能有效地帮助他们的孩子流利地用法语进行交流。因此，他们说服了当地一所小学建立了一个全法语教学的实践班。该实验班通过用法语进行各学科的教学来帮助培养学生听、说、读、写四方面的语言能力，并帮助学生加强对法语地区文化和传统的理解。这种方法对母语为英语儿童的法语习得起了极大的推动作用。从1980年开始，法语的沉浸式教学在加拿大全国得到推广。同时，这种教学模式在世界范围内引发了二语教学方法的革新，也为二语的研究和实践开创了新的道路。

沉浸式环境对儿童提高二语能力的作用毋庸置疑。目前在沉浸式环境中进行的实证研究多聚焦在为最大化儿童二语发展如何提供输入和反馈类型方面（Bouffard & Sarkar 2008；Lyster 2004；Tedick & Young 2016）。例如，Bouffard & Sarkar（2008）以43名8—9岁三年级法语沉浸式课堂的儿童学习者为研究对象，考察聚焦形式教学手段革新、纠正性反馈和组内互动是否可以培养儿童二语学习者的元语言意识。研究结果证实了这三者均有利于培养儿童二语学习者的元语言意识。Tedick & Young（2016）在10—11岁五年级双向沉浸式双语教学环境中的儿童学习者中也有同样的发现。两项研究均证明即使儿童是在沉浸式环境下也可以通过一定的教学干预培养元语言意识，进而促进他们的二语发展。

3.3　内容语言整合式环境

近年来，与沉浸式教学方法有共通之处的内容语言整合式教学方式（CLIL）受到较多关注，这一教学理念于20世纪90年代出现于欧洲。Dalton-Puffer（2011：183）将其描述为"课程内容通过外语来授课的教育方法，通常针对参加初等、中等和高等教育主流教育的学生"。由于目标语输入量和接触目标语机会的显著差异，以往的研究经常将内容语言整合式环境与外语环境进行比较。例如，García Mayo & Lázaro-Ibarrola（2015）以40名8—9岁西班牙小学三年级学生和40名10—11岁西班牙小学五年级学生为研究对象，考察英语作为外语及内容英语整合式环境下两组学生在任务中进行意义协商及一语使用情况。结果表明环境及年龄均产生了影响。首先，与接受英语作为外语教学的学生相比，接受内容英语整合式教学的学生在完成任务时更多地进行意义协商，但使用一语的频率更低。其次，与低龄儿童相比，年长儿童被发现在任务中较少进行意义协商，但使用一语频率更高。Azkarai & Agirre（2016）也证实年龄和环境影响儿童二语学习者在任务互动中意义协商策略的使用。他们以72名9—12岁的儿童为研究对象，考察英语作为外语环境和内容英语整合式环境中意义协商策略的使用情况。研究结果显示低龄学习者更多地进行意义协商，同时，与内容英语整合式环境下的儿童学习者相比，英语作为外语环境下的儿童学习者更多地使用意义协商策略。Azkarai & Agirre（2016）从而认为意义协商策略的使用依赖于年龄和学习环境。然而，如果仔细观察该研究结果，会发现它与García Mayo & Lázaro-Ibarrola（2015）在环境对意义协商策略运用影响所得的结果正好相反。Azkarai & Agirre（2016）将这种差异归因于学生英语水平和使用任务的不同。一方面，他们认为自己的研究中内容英语整合式环境下的儿童学习者语言水平较高，可能具备了不使用意义协商就能完成任务的水平，因此在他们的研究中儿童学习者使用意义协商策略比英语作为外语环境下的儿童学习者要少。另一方面相左的结果可能是由于两项研究所采用的任务不尽相同。García Mayo & Lázaro-Ibarrola（2015）仅采用了一项图片放置任务，而Azkarai & Agirre（2016）则采用了猜谜游戏和图片放置两项任务。

4. 发现与启示

本文重点梳理了儿童二语习得研究的视角和环境两个方面的内容。通过梳理及对现有实证研究的回顾，可以看到儿童二语习得研究已经引起二语习得界的关注，正在稳步发展中。总的来说，主要有以下发现及启示。

第一，在研究视角方面，目前儿童二语习得研究主要采用互动主义视角（Long 1983，1996），主流还是从认知视角理解习得，虽然最近一些研究（Butler & Zeng 2014，2015）已经开始采用社会文化视角，将儿童学习者视为社会人、将习得过程视为社会化过程，但采用这一范式的儿童二语习得研究依旧匮乏。此外，社会文化理论应用于教学研究已经在成人领域广泛开展，但在儿童外语教学研究中还是空白。儿童认知能力和社会化过程如何相互作用促进儿童二语能力发展是未来研究儿童二语习得问题的重要方向。与此同时，目前成人二语习得研究采用的动态系统理论框架与研究方法（Larsen-Freeman & Cameron 2008；徐锦芬、雷鹏飞 2017）在现有儿童二语习得研究中还未有涉及，也应成为儿童二语习得研究的新视角。

第二，环境对比研究还比较匮乏。儿童二语习得研究在英语作为二语、英语作为外语、沉浸式以及内容语言整合式环境均有涉及，但直接比较各个环境对儿童二语习得影响的实证研究还比较少且多为小规模研究，研究发现也多有矛盾之处。语言输入量和接触语言机会的差异致使每个环境对儿童二语习得的影响不一，比较不同环境对儿童二语习得的影响有助于使儿童外语教学的政策制定者结合本国情况制定有助于儿童成功学习外语的政策，并能有助于教师在教学中更准确地运用相应教学方法和设计相应教学活动以促进儿童二语发展。此外，除以英语作为目标语的研究外，还应进行以其他语种为目标语的研究使儿童二语习得研究更加多元化。

第三，研究方法还有较大发展空间。儿童二语习得现有实证研究运用了多种研究方法如追踪法、个案法、实验法以及自然观察法，但数量上与成人二语习得研究相比依旧较少，且多为定量研究，定性研究还比较匮乏。采用的测量工具也多以"找不同"和"猜谜游戏"任务形式为主，并且大部分研究还是以儿童作为研究对象，并未将儿童视作共同研究者。Pinter（2014：180）认为儿童在研究中应该起到更积极的作用，研究者应将他们视作共同研究者，因为与成人相比，儿童有不同的问题、不同的担忧并以不同的方式看待世界。未来可开展更多儿童参与型研究（Pinter & Zandian 2014），通过更多样化的形式使儿童体会到更多乐趣以更有效地获知儿童的态度、动机、感受和观点（Nikolov 1999；Muñoz 2014）。

第四，研究主题还有待挖掘。目前儿童二语习得研究的主题多聚焦年龄、输入和互动上，很多成人二语习得的研究主题在儿童二语习得领域亟待大力挖掘，如个体差异因素对儿童二语习得的影响（详见杨莉芳 2017b）。另外，通过回顾与梳理可以发现以往的研究对象主要集中在8—12岁这一年龄段，以低龄段儿童（3岁、4—7岁）为研究对象的研究还有待增加。

参考文献

Azkarai, A. & A. I. Agirre. 2016. Negotiation of meaning strategies in child EFL mainstream and CLIL settings [J]. *TESOL Quarterly* 50: 844-870.

Azkarai, A. & R. Oliver. 2019. Negative feedback on task repetition: ESL vs. EFL child settings [J]. *The Language Learning Journal* 47: 269-280.

Block, D. 2003. *The Social Turn in Second Language Acquisition* [M]. Washington: Georgetown University Press.

Bouffard, L. A. & M. Sarkar. 2008. Training 8-year-old French immersion students in metalinguistic analysis: An innovation in form-focused pedagogy [J]. *Language Awareness* 17: 3-24.

Broner, M. A. & E. E. Tarone. 2001. Is it fun? Language play in a fifth-grade Spanish immersion classroom [J]. *The Modern Language Journal* 85: 363-379.

Butler, Y. G. & W. Zeng. 2014. Young foreign language learners' interactions during task-based paired assessments [J]. *Language Assessment Quarterly* 11: 45-75.

Butler, Y. G. & W. Zeng. 2015. Young learners' interactional development in task-based paired-assessment in their first and foreign languages: A case of English learners in China [J]. *Education 3-13* 43: 292-321.

Carroll, D. W. 1999. *Psychology of Language* [M]. Pacific Grove, CA: Brooks.

Dalton-Puffer, C. 2011. Content and language integrated learning: From practice to principles [J]. *Annual Review of Applied Linguistics* 31: 182-204.

Ellis, R. 1991. Grammaticality judgments and second language acquisition [J]. *Studies in Second Language Acquisition* 13: 161-186.

Enever, J., J. Moon & U. Raman (eds.). 2009. *Young Learner English Language Policy and Implementation: International Perspectives* [C]. Reading: Garnet Education.

García Mayo, M. P. & M. L. G. Lecumberri. 2003. *Age and the Acquisition of English as a Foreign Language* [M]. Clevedon, UK: Multilingual Matters.

García Mayo, M. P. & A. Lázaro-Ibarrola. 2015. Do children negotiate for meaning in task-based interaction? Evidence from CLIL and EFL settings [J]. *System* 54: 40-54.

Gass, S.M., & A. Mackey. 2007. Input, interaction, and output in second language acquisition [A]. In B. Vanpatten & J. Williams (eds.). *Theories in Second Language Acquisition* [C]. Mahwah, NJ: Lawrence Erlbaum Associates. 175-199.

Krashen, S. 1981. *Second Language Acquisition and Second Language Learning* [M]. Oxford: Pergamon Press.

Larsen-Freeman, D. & L. Cameron. 2008. Research methodology on language development from a complex systems perspective [J]. *The Modern Language Journal* 92: 200-213.

Lázaro-Ibarrola, A. & R. Azpilicueta-Martínez. 2015. Investigating negotiation of meaning in EFL children with very low levels of proficiency [J]. *International Journal of English Studies* 15: 1-21.

Long, M. 1981. Input, interaction, and second-language acquisition [J]. *Annals of the New York Academy of Sciences* 379: 259-278.

Long, M. 1983. Native speaker / non-native speaker conversation and the negotiation of comprehensible input [J]. *Applied Linguistics* 4:126-141.

Long, M. 1996. The role of the linguistic environment in second language acquisition [A]. In W. Ritchie & T. Bhatia (eds.). *Handbook of Second Language Acquisition* [C]. San Diego, CA: Academic Press. 413-468.

Lyster, R. 2004. Differential effects of prompts and recasts in form-focused instruction [J]. *Studies in Second Language Acquisition* 26: 399-432.

Mackey, A. & S. Gass. 2005. *Second Language Research: Methodology and Design* [M]. New York: Routledge.

Mackey, A. & R. Oliver. 2002. Interactional feedback and children's L2 development [J]. *System* 30: 459-477.

Muñoz, C. (ed.). 2006. *Age and the Rate of Foreign Language Learning* [C]. Clevedon: Multilingual Matters.

Muñoz, C. 2008. Symmetries and asymmetries of age effects in naturalistic and instructed L2 learning [J]. *Applied Linguistics* 29: 578-596.

Muñoz, C. 2014. Exploring young learners' foreign language learning awareness [J]. *Language Awareness* 23: 24-40.

Murphy, V. A. 2014. *Second Language Learning in the Early School Years: Trends and Context* [M]. Oxford: Oxford University Press.

Nikolov, M. 1999. "Why do you learn English?" "Because the teacher is short." A study of Hungarian children's foreign language learning motivation [J]. *Language Teaching Research* 3: 33-56.

Oliver, R. 1998. Negotiation of meaning in child interactions [J]. *The Modern Language Journal* 82: 372-386.

Oliver, R. 2002. The patterns of negotiation for meaning in child interactions [J]. *The Modern Language Journal* 86: 97-111.

Oliver, R. & A. Azkarai. 2017. Review of child second language acquisition (SLA): Examining theories and research [J]. *Annual Review of Applied Linguistics* 37: 62-67.

Paradis, J. 2007. Second language acquisition in childhood [A]. In E. Hoff & M. Shatz (eds.). *Blackwell Handbook of Language Development* [C]. Malden, MA: Blackwell. 387-405.

Philp, J., R. Oliver & A. Mackey (eds.). 2008. *Second Language Acquisition and the Young Learner: Child's Play?* [C]. Amsterdam: John Benjamins.

Pinter, A. 2006. Verbal evidence of task related strategies: Child versus adult interactions [J]. *System* 34: 615-630.

Pinter, A. 2007. Some benefits of peer-peer interaction: 10-year-old children practising with a communication task [J]. *Language Teaching Research* 11: 189-207.

Pinter, A. 2014. Child participant roles in applied linguistics research [J]. *Applied Linguistics* 35: 168-183.

Pinter, A. & S. Zandian. 2014. "I don't ever want to leave this room": Benefits of researching "with" children [J]. *ELT Journal* 68: 64-74.

Tedick, D. J. & A. I. Young. 2016. Fifth grade two-way immersion students' responses to form-focused instruction [J]. *Applied Linguistics* 37: 784-807.

Thompson, R. & S. Jackson.1998. Ethical dimensions of child memory research [J]. *Applied Cognitive Psychology* 12: 218-224.

Vygotsky L S. 1978. *Mind in Society: The Development of Higher Psychological Processes* [M]. Cambridge: Harvard University Press.

Vygotsky, L. S. 1987. *The Collected Works of L. S. Vygotsky, Volume 1: Problems of General Psychology. Including the Volume Thinking and Speech* [M]. New York: Plenum Press.

邓跃平，2011，重述和澄清要求与儿童外语发展 [J]，《外国语文》（5）：54-58。

马拯，2016，二语习得年龄效应研究的共同记忆：内容、问题和启示 [J]，《外语研究》（5）：52-57。

郗佼，2020，社会文化理论与二语习得研究——理论、方法与实践 [J]，《外语界》（2）：90-96。

徐锦芬、雷鹏飞，2017，基于动态系统理论的课堂二语习得研究：理论框架与研究方法 [J]，《外语教学理论与实践》（1）：22-29。

杨莉芳，2017a，儿童二语学习的核心问题：优势、规律、途径 [J]，《外语学刊》（1）：97-103。

杨莉芳，2017b，儿童二语习得个体差异影响因素研究：发现与启示 [J]，《外语研究》（6）：60-65。

通信地址：102206　北京市昌平区沙河高教园区中央财经大学外国语学院

作者简介：张润晗，中央财经大学外国语学院副教授，北京外国语大学英语学院中国儿童语言研究中心研究员，博士，硕士生导师，研究方向为二语习得、心理语言学和外语教育。

Email：runhanzhang@cufe.edu.cn

具身认知视角下的儿童阅读研究 *

北京理工大学　刘　洋

提要：具身认知思潮对认知和语言提出了新的看法，从理论探讨逐渐转向实证论证和应用研究。目前在具身认知的诸多理论中，知觉符号系统理论、语言理解的索引假设、概念隐喻理论和双编码理论已作为理论基础应用于儿童阅读的干预研究，结果显示具身学习方式对儿童阅读有积极的促进效果。本文介绍以上理论的基本思想，梳理这些理论在具体文本、抽象文本、阅读策略和二语阅读等不同文本和场景中的典型应用研究，展望具身认知视角下儿童阅读的未来研究方向。

关键词：具身认知；儿童阅读；二语阅读

1. 引言

　　近年来兴起的具身热潮对传统认知观进行了颠覆。具身认知摈弃笛卡尔身心分离的二元哲学思想，以身心一体的哲学思想来描述和解释人的认知。传统的认知观将人的大脑比喻为计算机，对客观事物的认知需转化为抽象的符号，认知的本质是对抽象符号进行加工运算。具身认知则认为，认知非抽象的符号加工，而是身体和环境互动时产生的模态表征，人的认知根植于身体经验，因此身心一体而非对立的两分（叶浩生 2017）。具身认知作为该思潮的统一概括，实际上包含了各种不同的理论和假说。这些理论对于具身认知有不同的解释，但都遵从以上具身认知的基本思想。具身认知思潮目前已从理论思辨转向实证研究阶段，认知心理学中涌现了大量实证研究和证据，然而将其应用于教学的研究才刚刚起步。本文在介绍具身认知基本思想和理论的基础上，梳理具身认知在儿童阅读领域的应用，评述已有的焦点研究，并探讨具身认知在儿童阅读领域未来的研究走向。

　　* 本研究得到北京外国语大学英语学院中国儿童语言研究中心资助。本文为北京市社科基金青年项目"感知体验视角下的动量词语义内隐学习研究"（项目编号：18YYC019）的部分研究成果。

2. 具身认知的基本思想

2.1　具身认知的哲学基础

　　20世纪60年代的心理学中的"认知革命"使行为主义让位于认知主义。第一代的认知主义思想将人的大脑比喻为计算机，对客观事物的认知需转化为抽象的符号才能在人脑中运作，而对抽象符号进行加工运算构成了认知的本质。第一代认知主义思想的哲学基础是笛卡尔的二元论，认为心与身是两类不同的实体，两种实体独立存在，分属不同的世界（叶浩生 2017：13-14）。20世纪末掀起的具身认知热潮则对认知主义再次进行了颠覆。具身认知认为，概念和认知非抽象的符号加工，而是身体和环境互动时产生的模态表征，人的认知根植于身体经验，因此身心非对立的两分，而是紧密联系的一体。具身认知的哲学基础是身心一体的一元论哲学思想：具身认知把人的认知根植于大脑中，把大脑嵌入身体中，把身体置于世界中，认知过程是以适应环境为目的的实践活动（叶浩生 2017：30）。

2.2　具身认知的学习观

　　具身认知认为传统的教育观没有脱离身体的"载体"隐喻，把身体视为头脑（认知）的附属；具身认知强调身体是认知的起源，身体构造和活动决定了认知和思维的特点，因此具身学习遵循以下原则（叶浩生 2015：104-114）：1）身心一体：学习发生于身体作用于环境的实践活动；2）心智统一：学习过程中认知、情感和意志统一一体，不将认知置于情感和意志之上；3）根植原则：心智根植于身体，根植于环境。认知过程不是信息加工认为的抽象符号的输入、加工、再输出的过程，而是一种身体的建构和社会文化的建构，知识产生于情景中获得的个体经验。总之，具身认知的学习观不仅仅重视认知，还关注情感和意志，学习根植于环境，认知嵌入身体，身体嵌入环境，最终落地于环境。身体在认知过程中起到重要的连接作用，心、身、环境结合为统一体。心和环境的连接依靠身体，身体决定了两者之间的互动方式，塑造了人类的认知。

3. 具身认知视角下儿童阅读研究的主要理论依据

　　具身认知作为认知思潮的统一概括名称，实际上包含了各种不同的理论和假说。这些理论对于具身认知有不同的解释，但都遵从具身认知的基本思想：强调认知是多模态的，而不是依赖抽象的非模态符号；不仅指出身体动作和感知觉体验在认知落地中的意义，还强调了模拟、情景动作等的重要作用。本节介绍具身认知视角下儿童阅读研究的理论基础。

3.1　知觉符号系统理论

知觉符号系统理论（Perceptual Symbol Systems）认为事物或事件和相应概念之间的关系是"模态的"（modal）、"知觉的"（perceptual）、"类似的"（analogue）；概念的本质是一种知觉符号，是对事物知觉过程中引发的神经激活的记录，包括知觉的（即视觉、听觉、触觉、嗅觉等等）、运动知觉或内省的各个方面（Barsalou 1999：578）。神经激活形成知觉符号，知觉符号是记忆、语言和思维的对象，认知和知觉之间不需通过其他的抽象符号来进行转换，两者之间直接联系、相互等同。概念（认知）"落地"于人和环境互动产生的感知、知觉经验上。知觉符号理论强调认知（概念的加工处理）通过模拟/仿真（simulation）来完成。模拟是"世界、身体和头脑进行互动时获得的感知、运动和自省状态的重现"（Barsalou 2008：618）。例如人们在同椅子进行互动时，大脑记录了各个模块的信息（椅子的外观和感知、坐的动作、舒适和放松的感受），将它们整合起来在记忆中形成多模态的表征，椅子的知识就是对这些多模态表征的重新激活。

知觉符号理论认为语言起着指示（index）和控制的作用。语言符号和与其相连的知觉符号共同发展，如同知觉符号一样，语言符号是对感知事件的图解式的记忆。语言符号运作时，会激活相应的知觉记忆，对事物或事件进行模拟。例如，当看到或者听到词汇"椅子"或者"婚礼"时，语言模拟器会激活相应的知觉模拟器，产生相应的神经激活，模拟出事物"椅子"或者事件"婚礼"的相关知觉信息（Barsalou 1999）。

3.2　语言理解的索引假设

Glenberg & Robertson（1999）提出索引假设（Indexical Hypothesis）来解释语言如何具有意义。索引假设同样反对传统认知理论的非模态、抽象和任意的符号作为认知表征符的观点，认为语言符号具有意义在于对句子内容的模拟。模拟的过程需要三步来完成（Glenberg *et al.* 2004：425）：第一步，词和短语索引到环境中的物体或者物体的知觉符号上；第二，从物体上获取功能承受性（affordance）；第三，根据句法，将各个物体的功能承受性结合或者融合起来，创造出合理的模拟。以句子"Art stood on the chair to change the bulb in the ceiling fixture."为例，第一步将Art和chair索引到人物和椅子实物或椅子的知觉符号上。知觉符号是人对椅子的感知觉经验神经激活的记录（Barsalou 1999），因此第一步是语言符号落地于感知觉经验的过程。第二步是从索引的知觉符号中提取功能承受性。功能承受性是指人的身体和环境中的物体之间的潜在互动方式（Gibson 1979）。因此，椅子的功能承受性是指可以为成人提供座位，完成坐的动作，而不能为一条虫子提供座位。不同的椅子提供的功能承受性不同，有的椅子可以为儿童提供隐藏的功能，而不能为成人提供同样的功能，因此功能承受性取决于物体以及和物体互动的有机体的生物特性。第三步根据句子句法所示，功能承受性被融合在一起。融合的过程会遵从身体动作的限制。例如，可以将椅子和灯泡的功能承受性融合为：踩着椅子以够到天花板换灯泡，因为这是一个成人可以做到的动作。而对于 "Art stood on the can opener to change the bulb in the ceiling fixture." 这样的句子来说，因为读者无法想象如何将开瓶器和灯泡的功能承受性合理融合起来，来完成人更换天花板装置的目标，所以很难理解其意义（Glenberg *et al.* 2004）。因此，只有当读者可以将物体的功能承受性顺利融合在一起时，才可理解语言所表达的意义。

3.3 概念隐喻理论

在语言学领域，认知语言学颠覆了传统的语言学思想，揭示了隐喻作为人思维的基本手段，提出 "心智的具身性、思维的无意识性、抽象概念的隐喻性" 的核心思想（Lakoff & Johnson 1999）。特别是概念隐喻的提出，将隐喻作为理解抽象概念的手段，建立了具体和抽象概念之间的连接（Lakoff & Johnson 1980）。隐喻的本质是以一种事物来表达和体验另一种事物，通过将始源域的概念映射到目标域概念上，以始源域来表达和体验目标域。作为始源域（source domain）的概念通常为有形的、具体的、简单的事物；作为目标域（target domain）的概念是无形的、抽象的、复杂的。"隐喻广泛存在于我们的日常生活的各个方面，不但存在于我们的语言中，同时也存在于我们的思想和行动中。我们赖以思维和行动的概念系统从本质上来讲是隐喻的"（Lakoff & Johnson 1980：3-5），尽管人们往往对此没有意识。Lakoff & Johnson（1980）还提出了意象图示的概念，展现了心智的具身性。人的具体感知觉经验构建了基本概念的图示结构，例如内外、前后、冷热、高低等等。这些基本图示结构是认知的基础，人们从这些基本的概念图示结构出发，通过概念隐喻去理解更为抽象和复杂的概念。

3.4 双编码理论

在具身认知的理论中，双编码理论（Dual-Coding Theory）是历史最长、最为成熟的理论。该理论的基本原则包括：1）所有的心理表征都是模态的、感知动觉的和符号性的，包含所有的感知模态：视觉、听觉、味觉、嗅觉、触觉、动觉以及感受到的情绪；2）语言编码和非语言编码存在区分（Sadoski 2018：339）。语言理解是根据语境的限制，在语言和非语言编码之间、不同模态类型编码之间以及在各种编码内部进行联系的过程。Sadoski & Paivio

（2001）认为，这些编码均来源于不同模态的感知经验，语言编码和非语言编码之间是一种指称联系。双编码理论和很多后期涌现的具身理论存在联系，从知觉符号理论发展出的语言情景模拟理论（Language and Situated Simulation）便吸收了双编码理论的核心观点。两个理论均认为存在语言和非语言两个系统，双编码理论中称作语言系统和表象系统（imagery system），语言情景模拟理论中则称作语言系统和模拟系统（simulation system），但双编码理论认为语言系统是概念表征的核心，而语言情景模拟理论认为非语言的模拟系统才是概念表征的核心（Barsalou *et al.* 2008）。

上述四种具身认知理论目前已应用于指导儿童阅读教学实证研究，核心指导思想是将阅读内容落实于感知觉经验，帮助模拟的实现，从而引导儿童更好地理解文本内容。知觉符号理论的"知觉符号"和"模拟"核心概念，也是索引假设的基础；索引假设更强调动作在语言理解中的核心作用，知觉符号理论和双编码理论则对各种感知觉信息同等重视。概念隐喻对抽象概念的理解提供解释。鉴于着眼点的不同，以上理论运用于阅读教学实践的场景存在差异。

4. 具身认知视角下的儿童阅读实证研究

根据儿童阅读实证研究对象的不同，本文分别从具体内容文本、抽象内容文本、阅读策略及二语阅读四个方面梳理相关实证研究。其中针对具体文本和二语阅读的研究多以知觉符号理论和索引假设为理论出发点，针对抽象文本和阅读策略的研究则在索引假设的基础上增加概念隐喻，或者以双编码理论作为基础。

4.1　具体文本的阅读

Glenberg开创了索引假设在儿童阅读发展中作用的研究先例，他认为儿童阅读中遇到困难的原因在于书面文字无法激活对应的知觉符号，因此阅读无法落实于感知觉经验，仅成为一系列无意义符号的处理（Glenberg 2008）。根据具身认知的索引假设，Glenberg设计了具身感知学习法（Moved by Reading）：第一步建立语言和物体或者知觉符号的联系；第二步从被索引的对象里提取功能承受性，例如椅子的功能承受性是可以坐和站；第三步根据句法对功能承受性进行融合，在考虑可行性前提下，将动作/功能承受性连接在一起（Glenberg 2008：359）。通过以上索引、提取功能承受性和融合功能承受性的过程，将抽象语言符号落实于感知动觉经验。

Glenberg *et al.*（2004）最早将语言理解的索引假设应用于儿童阅读研究。实验设计了若干场景（如农场、房屋、车库），并配有相应玩具，每个场景有对应文本，文本中包含若干需要操作的句子。儿童（小学一、二年级）阅读文本，使用玩具进行实物操作或者想象操作，最后完成阅读回忆和空间推理（包括推理依据）测试，结果发现实物操作组或实物+想象操作组儿童的表现优于作为对照的重读组和控制组。研究者认为身体操作和想象操作帮助儿童将语言符号落实到感知觉经验中，从而改善了阅读理解。在后续的系列研究中，Glenberg多次验证索引假设视角下的具身学习对儿童阅读中的促进作用。Glenberg et al.（2007）在Glenberg et al.（2004）研究基础上进一步确定了身体操作和想象操作的长时效应和迁移性。Glenberg（2008）则验证了身体操作和想象操作可以产生一样的学习效果。Glenberg 及合作者还不断拓展具身学习在儿童阅读中的实现方式。Glenberg和Brown et al.（2007）探索了观察他人的具身学习是否和身体操作有所不同，结果发现6—8岁的儿童观察他人和身体操作均显著优于重读组，观察操作和身体操作两者之间没有显著差异。这说明，当不是所有儿童都有实物可以操作的时候，小组阅读活动依然可以起到积极的效果。Glenberg et al.（2011）则考察了在现代教育场景下的具身学习的效果，研究证明电脑操作和身体+想象的操作一样有效，均优于重读组，甚至可能因为减少了实物对于注意力的分散，效果超过身体+想象的操作。这样的一系列实证研究，将索引假设视角下的具身学习干预从纯粹的实验场景扩展到实际的教学场景，使得该具身学习方法具有较强的实际教学应用价值。

索引假设视角下的具身学习不仅仅在英语阅读上获得了成功，Adams et al.（2019）将其应用于西班牙语儿童的阅读教学中，取得了更好的效果。西班牙语儿童将具身阅读的优势成功地迁移到新的文本当中，而此前针对英语文本的阅读并没有出现迁移现象。研究者认为语言的正字法特征是影响具身感知干预效果的重要因素，语言的透明度影响了儿童解码的难度，因此在运用同样的干预方案时，不同的语言会有所差异。针对汉语，徐慧艳等（2018）以4、5、6岁三组不同年龄段的儿童为研究对象，以绘本故事为材料，对基于动作的具身学习策略、基于图像的视觉线索策略、基于语音符号的口语理解策略进行对比，测试阅读的理解和记忆层面，结果除4岁儿童组，没有发现基于动作的具身学习策略优于基于图像的视觉线索策略。对5、6岁儿童来说，视觉组在记忆层面甚至显著优于具身组。研究者认为基于索引假设的具身感知学习策略具有一定的时效性，随着年龄的增长，效果可能递减。

区别于索引假设的通过动作来理解，知觉符号理论强调通过激活各种感官经验的记忆来理解文本。同样是具体文本，De Koning et al.（2017）使用心理模拟的具身学习方式来强化阅读理解，具体方式为激活个体各种相关感知觉经验的记忆、模拟文本所述场景。该研究比较了普通阅读训练组和心理模拟训练组在阅读理解、动机和心理模拟方面的干预效果。结果发现143名9岁左右荷兰儿童通过激活各种感官经验的心理模拟方式，获得了更好的阅读理解效果和更强的阅读动机，研究者还发现这种具身学习方式对阅读能力较弱的儿童有更好的效果。

4.2 抽象文本的阅读

针对抽象文本，研究者设计了扮演式阅读干预法（Enacted Reading Comprehension）。其核心原理为设法建立模拟，并且通过想象将模拟内化，帮助学习者建立抽象文本和具体经验之间的联系，从而落实意义。扮演式阅读干预法在索引假设的基础上加入了概念隐喻理论，以便将具体文本扩展到更为抽象的文本内容。概念隐喻理论揭示了抽象思维的隐喻性，人们可以通过具体的概念来理解抽象的概念，因此该方法使用具体的经验来帮助理解抽象的文本内容。例如，使用"相互作用力"这一可以具身为两手互推/互拉手势的具体经验，来理解科学文本中地震时地壳的相互作用力、说服性文本中论证/辩论双方的相反立场以及小说文本中人物内心的道德两难困境等抽象概念。Connor et al.（2014）和Kaschak et al.（2017）对此法在儿童阅读实践中的具体实现方式进行了细致地探讨，具体设计为：第一步从手部和胳膊的运动出发，理解地震和飓风中地壳和气团的相互作用力这一科学概念；第二步将手部相互推拉的反作用力和人际间的论证和辩论进行类比；第三步将手部反作用力和人内心的道德两难境地进行类比，从身体经验逐步连接越来越抽象的文本和概念。研究初步证明了通过扮演阅读法的干预，儿童可以顺利完成阅读任务、理解文本内容。但是，以上研究采用设计研究，所以还无法确认同其他离身方法相比，该具身阅读方法具有优势。Connor et al.（2018）的跟进研究仅发现该方法对于词汇能力较弱学生有所促进，尚未发现对于整体阅读理解的作用，未来还需更多实证研究来探讨该方法的效果。

4.3 阅读策略的学习

另一将抽象内容作为阅读学习目标的具身学习方案是基于双编码理论的理解过程运动法（Comprehension Process Motion）。该方法认为如果在输入中既包括语言系统又包括非语言系统，通过各种类型通道输入信息，那么将会大大增强学习者对于信息的保留。Block et al.（2008）首次证实了如果使用手部运动辅助来描述抽象的理解过程，将会增强阅读策略的教学效果。具体而言，在阅读策略的教学中一方面提供语言系统，即对策略本身的语言描述，另一方面将不可见的阅读理解过程（例如寻找主题思想、推理、预测、澄清等）通过手部动作或身体运动进行视觉化，从而为儿童提供具体的意象来内化和使用阅读理解策略。研究邀请257名幼儿园到五年级的学生作为实验组,256名同质儿童作为控制组,差别在于策略的学习中是否增加了手部动作或身体运动。结果发现实验组在标准化的阅读理解测试中的表现显著优于控制组,证明了该方法的有效性,研究还发现该方法对于幼儿园组的儿童效果最好。基于双编码理论的理解过程运动法和扮演阅读干预法虽然都是针对抽象概念的具身学习,但两者在学习内容方面存在差异:前者针对的是阅读过程和策略的具身化,而后者针对的是抽象阅读内容的具身化,也就是说前者针对的抽象概念是元认知,而非认知本身。

4.4　二语儿童的阅读

对于二语儿童来说,具身阅读策略是否起作用受到更多因素的影响,在什么样的条件下(如是否提供母语支持和已有语言能力高低等)可能会产生积极的促进作用是研究者所关注的焦点。Walker *et al.*(2017)将具身阅读策略扩展到了儿童二语学习情景中,考察了基于互动技术的强化具身感知学习法(Enhanced/Moved by Reading to Accelerate Comprehension in English)对西班牙—英语双语儿童阅读干预的效果。该方法同样基于索引理论,认为语言理解本质是认知模拟的过程,因此干预的目的是帮助儿童学习模拟,从而理解阅读内容。具体方式为儿童在iPad上以触摸的方式操作图像,通过对图像进行拖拽演示句子所表达的意思。该方法能够提供模拟正确与否的即时反馈,还可以同步跟踪学生的理解能力,提供相应的词汇和句法反馈,并据此调整接下来的文本复杂度。此外,提供二语英语和母语西班牙语的词汇列表,包括发音、解释和对应的图像,儿童在阅读前和阅读中均可获得词汇的二语和母语支持。该研究考察了以下三个问题:1)模拟能否促进二语儿童的阅读理解?2)提供西班牙母语支持是否有促进效果?3)已有语言能力(解码能力和语言水平)在此过程中起到什么样的作用?研究邀请93名二至五年级的以英语为二语、以西班牙为母语的儿童参加,采用2*2组间设计,一组变量为是否提供操作模拟,一组变量为是否提供西班牙母语支持,学习的文本包括叙述性文本和说明性文本,每个阅读章节后有基本信息和推理信息的理解测试。结果显示模拟可以改善二语儿童叙述文的阅读表现;模拟对于解码能力强的儿童的说明文理解有帮助,对于解码能力差的没有帮助;模拟+母语支持仅对解码能力强、英语相对差或者英语语言能力强、解码能力差的儿童有帮助。可见二语条件下具身学习的效果还受到解码能力、语言能力等多种因素的影响。该研究将具身学习扩展到了二语阅读领域,考察了互动技术如何帮助实现模拟的优势,并将索引假设理论的适用范围由叙述性文本扩展到了说明性文本领域。类似地,Adams *et* *al.*（2018）也证实了二语阅读条件下，具身阅读策略的有效性，然而是否存在母语支持对于具身阅读策略效果的影响不大，母语支持似乎仅在身体操作阶段更为有效。

4.5　研究展望

具身认知身心一体的思想为阅读理解的干预教学提供了强有力的理论支持。目前已应用于儿童阅读领域的具身认知理论包括：知觉符号系统理论、语言理解的索引假设、概念隐喻理论和双编码理论。这些理论可以用于具体文本、抽象文本、阅读策略和二语阅读的研究和实践。一方面，已有研究结果肯定了具身学习对阅读理解的促进作用和在现实教学场景中的适应性；另一方面，这种学习方式似乎更能激发儿童的阅读兴趣，增强儿童阅读学习的动机，因此在儿童阅读理解学习中使用具身方法是一种有效的教学干预思路。然而研究在深度和广度上还远远不足，具身学习如何应用于儿童阅读，尤其是二语儿童阅读还存在很多待探索的问题。

第一，索引假设视角下的具身阅读研究大部分集中在具体文本的探索上，对于抽象文本阅读的研究刚刚起步，尚未有充分的研究证据说明具身感知法比传统方法有更好的促进作用，需要实证研究来证明该理论指导的具身方法的优势。基于索引假设的具身策略适用的年龄范围可能有限，Glenberg *et al.*（2011）认为较为成熟的和年长的儿童可能不需要用此种方法阅读，然而具体适用年龄尚不明确，不同研究的结果存在不一致。Marley *et al.*（2010）发现具身策略对于年龄较大的儿童效果更好；而在徐慧艳等（2018）的研究中则是相对年幼的儿童取得了显著的效果。显然，未来研究还需进一步探索年龄因素对具身策略有效性的影响。

第二，除索引假设外，以其他具身认知理论为基础的阅读应用研究相对较少、缺乏系统性。知觉符号系统理论同样存在缺少运用于抽象文本的问题。从双编码理论角度开展的阅读干预研究聚焦元认知策略，将不可见的理解过程具身化，然而并未获得十分充分的实证数据支持该策略的有效性；同时，目前所涉及的阅读策略还十分有限，未来需扩大阅读策略的考察范围。

第三，已有的阅读干预研究考察的变量比较单一，主要聚焦于测试具身阅读是否能产生更好的阅读效果，对于潜在的影响因素还没有充分的考量。例如，受到解码能力的影响，不同的语言类别和个体差异可能导致具身学习在不同的语言背景和个体差异下产生不同的效果，需进一步开展研究厘清（Adams *et al.* 2019）。

第四，目前具身认知视角下的儿童阅读研究大量集中于母语阅读，二语阅读实证研究刚刚起步。二语阅读比母语阅读受到更多因素的影响，二语儿童可能借助已有的母语具身来实现二语具身，也可能通过直接建立具身来促进二语阅读的发展，这使得二语儿童阅读的情况更为复杂。在语言解码能力、词汇量、二语水平等等因素的共同作用下，具身学习对二语阅读可以起到什么样的作用非常值得深入探索。更为重要的是，二语阅读干预的目标不仅是提升理解，阅读还是语言输入的重要来源，是词汇、语法等语言要素习得的重要途径，然而目前具身认知视角下的儿童阅读研究鲜有涉及此方面的内容。

5. 结语

　　具身认知身心一体的思想为儿童阅读理解教学提供了新思路和理论支持。基于具身认知理论的阅读干预贯彻了认知根植于身体的主张，强调了身体在阅读过程中的参与，研究结果显示了具身学习方式对阅读的促进作用。未来研究需进一步扩展不同理论的应用，考察不同类型的文本，并增强二语条件下儿童阅读研究的广度和深度。

参考文献

Adams, A. M., A. M. Glenberg & M. A. Restrepo. 2018. Moved by reading in a Spanish-speaking, dual language learner population [J]. *Language, Speech, and Hearing Services in Schools* 49: 582-594.

Adams, A. M., A. M. Glenberg & M. A. Restrepo. 2019. Embodied reading in a transparent orthography [J]. *Learning and Instruction* 62: 27-36.

Barsalou, L. W. 1999. Perceptual symbol systems [J]. *Behavioral and Brain Sciences* 22: 577-660.

Barsalou, L. W. 2008. Grounded cognition [J]. *Annual Review of Psychology* 59: 577-645.

Barsalou, L. W., A. Santos, W. K. Simmons & C. D. Wilson. 2008. Language and simulation in conceptual processing [A]. In M. de Vega, A. Glenberg & A. Graesser (eds.). *Symbols and Embodiment: Debates on Meaning and Cognition* [C]. Oxford: Oxford University Press. 245-283.

Block, C. C., S. R. Parris & C. S. Whiteley. 2008. CPMs: Helping primary grade students self-initiate comprehension processes through kinesthetic instruction [J]. *The Reading Teacher* 61: 460-470.

Connor, C. M., B. M. Phillips, M. P. Kaschak, K. Apel, Y.-S. G. Kim, S. Al Otaiba & C. J. Lonigan. 2014. Comprehension tools for teachers: Reading for understanding from prekindergarten through fourth grade [J]. *Educational Psychology Review* 26: 379-401.

Connor, C. M., B. M. Phillips, Y.-S. G. Kim, C. J. Lonigan, M. P. Kaschak, E. Crowe, J. Dombek & S. Al Otaiba. 2018. Examining the efficacy of targeted component interventions on language and literacy for third and fourth graders who are at risk of comprehension difficulties [J]. *Scientific Studies of Reading* 22: 462-484.

De Koning, B. B., L. T. Bos, S. I. Wassenburg & M. van der Schoot. 2017. Effects of a reading strategy training aimed at improving mental simulation in primary school children [J]. *Educational Psychology Review* 29: 869-889.

Gibson, J. J. 1979. *The Ecological Approach to Visual Perception* [M]. New York: Psychology Press.

Glenberg, A. M. 2008. Embodiment for education [A]. In P. Calvo & A. Gomila (eds.). *Handbook of Cognitive Science: An Embodied Approach* [C]. Amsterdam: Elsevier. 355-372.

Glenberg, A. M., A. B. Goldberg & X. Zhu. 2011. Improving early reading comprehension using embodied CAI [J]. *Instructional Science* 39: 27-39.

Glenberg, A. M., B. Jaworski, M. Rischal & J. R. Levin. 2007. What brains are for: Action, meaning, and reading comprehension [A]. In D. McNamara (ed.). *Reading Comprehension Strategies: Theories, Interventions, and Technologies* [C]. Mahwah, NJ: Lawrence Erlbaum. 221-240.

Glenberg, A. M. & D. A. Robertson. 1999. Indexical understanding of instructions [J]. *Discourse Processes* 28: 1-26.

Glenberg, A. M., T. Gutierrez, J. R. Levin, S. Japuntich & M. P. Kaschak. 2004. Activity and imagined activity can enhance young children's reading comprehension [J]. *Journal of Educational Psychology* 96: 424-436.

Glenberg, A. M., M. Brown & J. R. Levin. 2007. Enhancing comprehension in small reading groups using a manipulation strategy [J]. *Contemporary Educational Psychology* 32: 389-399.

Kaschak, M. P., C. M. Connor & J. L. Dombek. 2017. Enacted reading comprehension: Using bodily movement to aid the comprehension of abstract text content [J]. *PloS ONE* 12: 1-16.

Lakoff, G. & M. Johnson. 1980. *Metaphors We Live By* [M]. Chicago: University of Chicago Press.

Lakoff, G. & M. Johnson. 1999. *Philosophy in the Flesh* [M]. New York: Basic Books.

Marley, S., J. Levin & A. M. Glenberg. 2010. What cognitive benefits does an activity-based reading strategy afford young native American readers? [J] *The Journal of Experimental Education* 78: 395-417.

Sadoski, M. & A. Paivio. 2001. *Imagery and Text: A Dual Coding Theory of Reading and Writing* [M]. Mahwah: Routledge.

Sadoski, M. 2018. Reading comprehension is embodied: Theoretical and practical considerations [J]. *Educational Psychology Review* 30: 331-349.

Walker, E., A. Adams, M. A. Restrepo, S. Fialko & A. M. Glenberg. 2017. When (and how) interacting with technology-enhanced storybooks helps dual language learners [J]. *Translational Issues in Psychological Science* 3: 66-79.

徐慧艳、陈巍、高奇扬，2018，具身认知策略对幼儿阅读理解能力的影响：索引假说的检验 [J],《学前教育研究》（5）：28-36。

叶浩生，2015，身体与学习：具身认知及其对传统教育观的挑战 [J],《教育研究》（4）：104-114。

叶浩生，2017，《具身认知——原理与应用》[M]。北京：商务印书馆。

通信地址：100081　北京市海淀区中关村南大街5号北京理工大学外国语学院

作者简介：刘洋，北京理工大学外国语学院讲师，北京外国语大学英语学院中国儿童语言研究中心研究员，博士，研究方向为二语习得和心理语言学。

　　　　　Email: liuyangly@bit.edu.cn

信息技术环境下儿童二语阅读研究综述 *

——国内外大数据可视化比较研究

首都师范大学　**杨　丽　徐晓晗**

提要： 本文以 Web of Science 与 CNKI 的大数据可视化期刊文献为数据来源，运用文献计量、共词分析和社会网络方法，从学科分布、国别分布、期刊分布和关键词主题演进等方面对国内外信息技术环境下的儿童二语阅读研究领域的总体情况进行量化比较研究。结果表明，国外信息技术环境下的儿童二语阅读研究较国内成熟，国内近两年发文量超国外两倍，但相关理论和技术研究相对滞后，高水平研究成果相对较少。

关键词： 二语阅读；信息技术；儿童；研究综述

1. 引言

二语阅读研究领域一直备受学术界关注。然而，国内外有关信息技术环境下的儿童二语阅读领域的文献研究较少。并且，目前运用文献计量、共词分析和社会网络方法对该领域国内外期刊文献进行量化比较的研究还是空白。为厘清国内外信息技术环境下的儿童二语阅读领域的研究现状、研究热点以及研究趋势，以促进我国在该领域向纵深化和国际化方向发展，本文基于 Web of Science 与中国知网的期刊文献数据，运用文献计量、共词分析和社会网络方法进行分析与挖掘，探究以下几方面的内容：1）国内外信息技术环境下的儿童二语阅读领域学术论文的时间序列分布、学科分布、期刊分布以及国别分布

---

　* 本研究得到北京外国语大学英语学院中国儿童语言研究中心资助。

的特点；2）国内外信息技术环境下的儿童二语阅读领域的研究热点；3）国内外信息技术环境下的儿童二语阅读领域学术期刊研究主题的变化情况；4）国内外信息技术环境下的儿童二语阅读的研究趋势。

2. 数据来源及研究方法

本研究基于中国知网（以下简称CNKI）与Web of Science（以下简称WoS）两大权威文献数据库，对信息技术环境下的儿童二语阅读领域的相关文献进行深度分析与挖掘。国内选取CNKI数据库，以全面反映该领域在国内的研究状况。CNKI检索策略：主题=（信息技术+英语阅读）。人工过滤掉高中以上学段的研究，只保留小、初、高及学前阶段，时间范围选择最长跨度，数据检索时间为2020年8月10日，获得349篇有效文献。国外选取WoS的核心合集数据库，主题检索词TS=（"L2 read*" OR "second language read*" OR "foreign language read*" OR "SL read*" OR "FL read*" OR "ESL read*" OR "EFL read*"）AND TS=（"technology" OR "electric" OR "computer" OR "web" OR "internet" OR "multi*" OR "wiki*" OR "mobil*" OR "digital" OR "online" OR "e-book" OR "assisted" OR "speed read*" OR "corpus"）NOT TS=（"college" OR "university"），时间范围选取最长跨度，数据检索时间为2020年8月10日，语种为英语，文献类型设置为论文和综述，获得277篇有效文献。

3. 研究结果与分析

3.1　文献发表趋势分析

本研究利用文献计量分析法，主要探究国内外信息技术环境下的儿童二语阅读研究的时间序列文献分布特点、学科分布特点、期刊分布特点并以可视化方式呈现。

信息技术环境下的儿童二语阅读研究始于美国。1966年，Atkinson & Hansen（1966）发起斯坦福计划，通过计算机监控学生的英语初级阅读。自1966年以来，该领域的研究总体发展呈上升趋势，先后经历了初始发展期（1966—2000）、平稳发展期（2001—2009）与高速发展期（2010—2020）三个阶段。2000年前，该领域国内外文献数量较少且增长缓慢，均不足3篇。2001年至2009年，国内外的文献数量出现一定程度地平稳增加，均达到5篇左右。2010年至2020年，国内外文献数量呈明显上升趋势。基于CNKI和WoS两大数据库统计的期刊文献，我们对比绘制了近十年（2010—2020）国内外信息技术环境下的儿童二语阅读研究年度发文量的趋势对比图（见图1）。

如图1所示，从年代分布上看，2010年至2020年间国内外发文量基本呈现逐步增长态势，而近三年（2018—2020）国内发文量呈现爆发式增长，国外2020年发文量有所下降。对比国内外发文量可见，国内虽起步稍晚，但在2016年以后，国内该领域研究的发文量显著增长，2019年达到峰值，是同期国外发文量的两倍多。由此可见，信息技术环境下的儿童二语阅读研究在近两年（2019年、2020年）成为国内的研究热点。

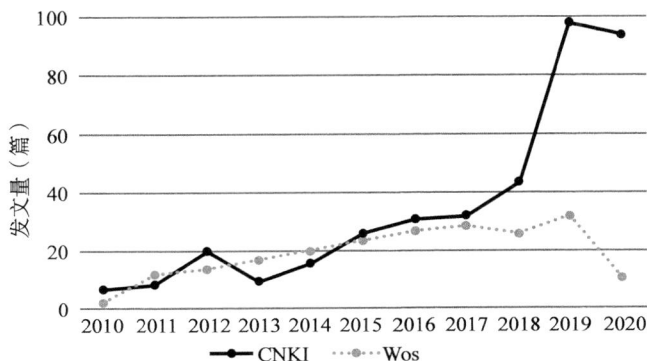

图 1. 国内外信息技术环境下的儿童二语阅读研究年度发文量趋势对比

3.2 学科分布分析

从国内外信息技术环境下阅读教学的学科分布图表（见图2、表1）可见，国内对于该领域的研究主要集中在外国语言文学、中等教育及教育理论与教

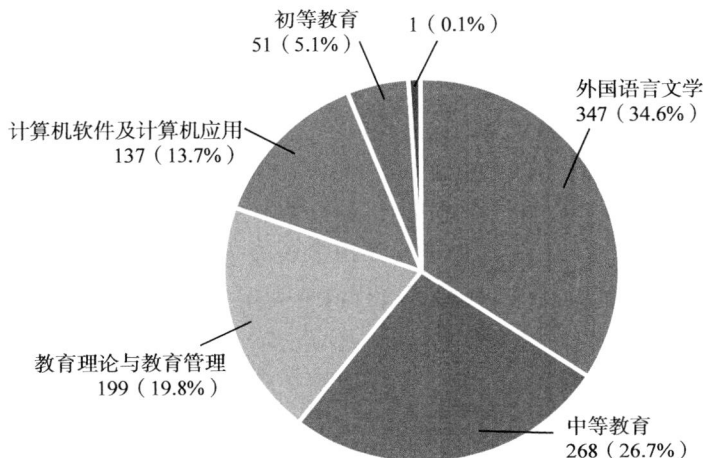

图 2. 国内信息技术环境下阅读教学的学科分布图

育管理三个学科，分别占比达到34.6%、26.7%以及19.8%，这说明国内的相关研究重在阅读教学设计及应用上。而国外对于信息技术环境下阅读教学的研究主要集中在教育学研究、语言学及心理学的研究上，分别占比达到57%、45%以及22%。研究的理论基础建立在教育及外语类学科上，这与国内的分布是一致的。心理学科对于阅读的研究也较多，这表明国外对于信息技术环境下的儿童二语阅读从心理学角度以及用心理学方法探究的研究较多。同时，该学科在计算机科学、工程学、神经学、文学、社会学等多个领域也备受关注。总体来看，信息技术环境下的儿童二语阅读研究具有明显的跨学科特征。

表 1. 国外信息技术环境下阅读教学的学科分布表

学科	数量（篇）
Educational Research	158
Linguistics	125
Psychology	125
Computer Science	20
Engineering	15
Neurosciences / Neurology	15
Literature	5
Radiology / Nuclear / Medicine	5
Science / Technology	5
Social Sciences	5

3.3 期刊分布分析

国内外信息技术环境下的儿童二语阅读研究排名前10的期刊如表2所示。国内CNKI对该领域载文量较高的为《校园英语》《中学生英语》《考试周刊》《英语画刊》，这些期刊研究的方向都以信息技术在二语阅读教学及测试中的应用为主。另外，《中国教育技术装备》《中小学电化教学》载文量也相对较高。在国外，该领域载文量排名前两位的期刊*System*、*Edulearn Proceedings*以及*Journal of Educational Psychology*均为教育理论及心理类的期刊，这说明国外学者对于信息技术环境下的儿童二语阅读研究更侧重于对教育及心理学方面理论基础的研究。与此同时，计算机辅助外语教学及社会学类的刊物在该领域的研究方面也走在了前列。

表 2. 国内外信息技术环境下的儿童二语阅读研究排名前十的期刊

CNKI			WoS		
期刊名称	载文	比例（%）	期刊名称	载文	比例（%）
校园英语	40	18.5	*System*	11	3.9
中学生英语	25	11.6	*Edulearn Proceedings*	9	3.2
考试周刊	16	7.4	*Journal of Educational Psychology*	9	3.2
英语画刊（高级版）	12	5.6	*Modern Language Journal*	9	3.2
学周刊	9	5.6	*Computer Assisted Language Learning*	8	2.8
中国教育技术装备	8	4.1	*Language Learning*	8	2.8
新课程	7	3.7	*Procedia Social and Behavioral Sciences*	8	2.8
中小学电化（教学）	7	3.2	*Foreign Language Annals*	6	2.2
教育教学研究	7	3.2	*Journal of Research in Reading*	6	2.2
英语教师	6	3.2	*Language Testing*	6	2.2

3.4　国家／地区、地域统计分析

　　论文的国家/地区、区域分布统计分析可以在一定程度上反映各国学者对该领域的关注程度、科学前沿以及最新动向。通过对期刊论文第一作者所属国家或地区进行统计分析，笔者发现从期刊发文数量上看（见表3），美国学者成果最为丰富，发文量为86篇，占总量的31%。中国次之，发文量为53篇，占比19%。由此可见，中国和美国对于信息技术环境下的儿童二语阅读研究还有一些差距，但是依然远远领先于其他国家和地区。其次是伊朗、加拿大、英国与荷兰，期刊发文量占比均达到5%以上。从地域来看，世界各大洲对于信息技术环境下的儿童二语阅读研究都十分关注。尤以亚洲、北美洲、欧洲为代表，亚洲国家如中国、伊朗、韩国、日本、土耳其等对于该领域的研究领先于其他亚洲国家，北美洲的美国、加拿大发文量较多，欧洲的英国、荷兰、西班牙、比利时等以及澳洲的澳大利亚均对该领域有较深入的研究。

表 3. 信息技术环境下的儿童二语阅读研究领域国家／地区发文量分布表

国家/地区	数量（篇）
USA	86
China	53
Iran	22
Canada	21
England	20
Netherlands	13
Japan	12
Turkey	10
South Korea	8
Spain	8
Australia	6
Belgium	6
Israel	6
Malaysia	6
Saudi Arabia	4
Germany	4
Greece	3
Sweden	3
Norway	2
Poland	2
Morocco	2
Singapore	2
New Zealand	2
Poland	2
Brazil	1

4. 研究热点及趋势

4.1　关键节点文献分析

本研究使用CiteSpace的文献共被引分析功能。通过文献共被引分析，可以对国内外信息技术环境下的儿童二语阅读研究领域的关键节点文献进行探究，识别该领域的核心研究学者及其经典文献。

在国内文献共被引网络图谱中，被引频次较高的核心期刊论文主要包括潘志宇（2001）、宗云（2010）以及常宏（2011）等。被引频次最高的是潘志宇在2001年发表的《中学英语阅读课的多媒体网络教学模式初探》。该文献结合建构主义学习理论探讨了多媒体应用于中学英语阅读的教学模式，并通过一年多的教学实验证明该模式可以提高学生的英语整体水平，尤其是阅读及理解能力。宗云（2010）以建构主义及阅读理论为依据，以多媒体等现代教育手段为依托，构建了四种阅读教学策略。常宏（2011）探索多媒体网络环境下的英语阅读教学改革，构建了三种多媒体网络英语阅读教学模式：1）"情景—任务—自主探究"；2）教师主导、监控，学生主体；3）合作学习。

在国外文献共被引网络图谱中，被引频次较高、中介中心性较大的关键节点期刊文献主要包括Abraham（2008）、Hsu Ching-Kun *et al.*（2013）以及Lan *et al.*（2007）。被引频次最高、中介中心性最大的是Abraham在2008发表的"Computer-mediated glosses in second language reading comprehension and vocabulary learning: A meta-analysis"，该文献建议学习者在互联网和多媒体计算机辅助的语言学习环境中阅读来提高二语识字能力、促进跨文化理解力，并强调未来研究应当关注学习者个体的差异。Hsu Ching-Kun *et al.*（2013）在"A personalized recommendation-based mobile learning approach to improving the reading performance of EFL students"一文中基于移动语言学习方法开发了相关学习系统，引导学生阅读符合其偏好和知识水平的文章，提高了学生的阅读成绩。Lan *et al.*（2007）在"A mobile-device-supported peer-assisted learning system for collaborative early EFL reading"一文中开发了一个移动设备支持的同伴辅助学习系统，以促进学习者的阅读动机。

4.2　研究热点演进分析

研究热点可以认为是在某个领域中学者们共同关注的一个或多个话题。通过CiteSpace的关键词共现网络的时区视图，可以看出其中的高频节点按时间顺序依次出现，呈现出明显的时间分布特征。

由此，可以将国内信息技术环境下的儿童二语阅读研究热点按时间动态划分为三个阶段，这也与该领域文献发表数量的变化趋势相吻合。第一阶段

（2003年以前）的高频节点主要包括"快速阅读""多媒体""PPT""建构主义"等。该阶段处于新型英语阅读教学模式的初探时期，主要基于建构主义理论来探讨可行性。第二阶段（2004—2010）的高频节点主要包括"网络课程""网络环境""阅读能力""认知""自主学习""协作学习""语言能力"等。该阶段更加注重学习者的个人学习认知能力和二语阅读能力，因此许多研究者围绕如何利用信息技术来提高学习者的二语阅读能力和语言能力进行探讨，并尝试构建不同的学习模式和阅读模式。第三阶段（2011—2020）的高频节点主要包括"交互式""文字云图""眼动""慕课""微课"等。该阶段采用更加丰富的技术手段和方法来探究学习者在二语阅读中的表现。例如夏春来（2013）讨论了录频式微课在高中英语阅读讲评课中的应用；张湘（2016）讨论了主题英语阅读教学的图示交互可视化学习平台设计与实践；杜华（2012）探讨了文字云图在英语阅读教学中的应用研究。总体来看，国内该领域的研究从引入国外理论到扎根本土化实践，再从实地教学实践到演化丰富理论，研究逐步趋于科学化和精细化。

　　国外信息技术环境下儿童二语阅读研究热点，也可按时间动态划分为三个阶段。第一阶段（2003年以前）的高频节点主要包括"理解"（comprehension）、"策略"（strategy）、"学生"（student）。该阶段文献较少，主要探索在信息技术环境下儿童二语阅读使用的阅读策略。第二阶段（2004—2010）的高频节点主要包括"大脑"（brain）、"激活"（activation）、"理解"（comprehension）、"读写困难"（dyslexia）。该阶段的研究主要探索信息技术环境下儿童二语阅读中的个体差异，侧重于关注有阅读障碍的儿童在相关技术的支持下是否可以获得二语阅读能力方面的改善。第三阶段（2011—2020）的高频节点主要包括"眼动"（eye movement）、"词汇"（vocabulary）、"工作记忆"（working memory）、"习得"（acquisition）、"读写能力"（literacy）、"个体差异"（individual difference）等。该阶段有研究者探讨了信息技术环境下的阅读带来的消极影响，大多研究利用更多信息技术手段及线上系统来追踪儿童在二语阅读中的表现。Acklin *et al.*（2017）探讨了快速阅读对于阅读理解率的影响；Mestres & Pellicer-Sánchez（2019）用眼动研究探讨了学习者对多模态输入的认知加工特点。详见表4。

表 4. 国内外信息技术环境下儿童二语阅读研究三个阶段的高频节点

阶段	CNKI	WoS
第一阶段 （2003年以前）	快速阅读，多媒体，PPT， 建构主义	理解，策略，学生
第二阶段 （2004—2010）	网络课程，网络环境，阅读能力， 认知，自主学习，协作学习， 语言能力	大脑，激活，理解，读写困难
第三阶段 （2011—2020）	交互式，文字云图，眼动， 慕课，微课	眼动，词汇，工作记忆，习得， 读写能力，个体差异

由表4可以看出，国内外2003年前的研究均处于探索阶段；在第二阶段（2004—2010），国内更注重探究网络环境下的阅读教学以及学生的自主学习能力的提升，国外的研究则更注重探究信息技术环境下阅读的神经学及心理学本质；在第三阶段（2011—2020），国内外的研究突飞猛进，国内注重更多新兴技术的尝试，如"文字云图""微课""慕课"等，国外则偏向于注重心理学机制的研究、眼动研究及个体差异的研究。

4.3 研究的趋势及前沿分析

本研究采用CiteSpace软件提供的突变检测算法，从文献的标题、关键词和摘要中提取出突变术语作为研究前沿术语，依靠词频的变动趋势来确定国内外信息技术环境下的儿童二语阅读的研究前沿和发展趋势。突变值较高的术语在一定程度上客观反映了该领域研究的最新动态，具体可以归纳为以下三个方面：

第一，从研究内容来看，信息技术环境下的在线或数字化阅读已成为儿童二语阅读的一种重要方式，但针对我国儿童的英语学习特点，探讨不同年龄阶段儿童的二语在线阅读策略发展的研究缺乏长期的跟踪数据，也缺乏操作性强的建议。信息技术环境下的儿童二语阅读研究的内容从关注阅读理解力转变到关注语言习得，而目前《新课标》更提倡的是以阅读为二语输入来源，促进儿童的全面发展、促进全球胜任力、培养优秀品格以及提升高阶思维能力，但针对上述因素的研究目前还相对匮乏。

第二，从受试群体来看，国内外学者针对小学到高中阶段的研究较多，学龄前阶段也逐渐受到关注。学龄前阶段是阅读习惯形成的关键时期，一些以家庭为单位的亲子阅读尝试借助点读笔等阅读工具或者阅读平台进行二语阅读。针对这部分受试来探讨二语阅读及成长过程中遇到的问题，对认识二语阅读的本质、培养孩子的二语阅读兴趣以及揭示二语阅读路径等都非常有价值。

第三，从研究工具来看，一些学者借助眼动和脑功能磁共振成像等研究方法和手段来进行数字化阅读的研究。运用眼动指标来分析二语阅读的认知加工过程得到了越来越多研究者的青睐（Mohamed 2018）。另外，越来越多的研究应用脑功能磁共振成像等神经影像技术探索其认知神经机制，并以此观察和研究二语阅读过程与机制（Li & Clariana 2019）。

5. 研究动态述评

本研究运用文献计量可视化和网络关系可视化的方法，结合国内外对信息技术环境下儿童二语阅读研究可视化研究的对比分析，对该领域研究现状和趋势总结如下：1）从时间分布来看（见图1），信息技术环境下的儿童二语阅读研究始于1966年，国内外均呈现逐年增长的趋势。国外对于该领域的研究起步较早，理论研究相对成熟，但国内近两年对该领域的研究多于国外。2016年至今，信息技术环境下的儿童二语阅读研究进入快速发展时期。近几年来，国内的发文量开始超过国外，但核心期刊的论文数量还不及国外。发文量的增加说明未来的几年可以预见随着国内对该领域研究的重视，我国学者发表论文的质量将进一步提升。2）从空间分布图表来看（见图2、表1），信息技术环境下的儿童二语阅读研究引起了世界学者的共鸣。占比前两位的是美国与中国，无论从期刊论文数量还是质量上，中美两国都领先于其他国家。其次是伊朗、加拿大、英国、荷兰等国。3）从关键词共现情况来看，国内该领域的研究热点是"交互式""文字云图""眼动""慕课""微课"等。国外则是"眼动""词汇""工作记忆""习得""读写能力""个体差异"等。4）从研究未来发展方向来看，国内在该领域的研究从引入国外理论到扎根本土化实践，再从实地教学实践到演化及丰富理论；研究的目的从促进儿童语言能力的发展到促进儿童的全面发展。而国外在心理学角度及神经学角度对在线阅读的研究则可以从本质上揭示二语阅读的特征，值得借鉴。

6. 结语

本文选取国内外两大权威数据库（CNKI 和 WoS）的核心期刊文献作为数据来源，通过文献分析、文本挖掘等技术手段，从多角度比较并探讨国内外信息技术环境下的儿童二语阅读的研究现状、研究热点以及未来的发展趋势。这对促进国内该领域进一步发展、借鉴国际先进研究方法方面有着重要的意义。国内该研究的领域在近两年处于迅速发展趋势，如果可以开阔研究视野、拓宽研究领域、应用更先进的研究方法，会产出质量更高的研究，使阅读学习、教学及研究受益。

参考文献

Atkinson, R. C. & D. N. Hansen. 1966. Computer-assisted instruction in initial reading: The Stanford Project [J]. *Reading Research Quarterly* 2: 5-26.

Abraham, L. B. 2008. Computer-mediated glosses in second language reading comprehension and vocabulary learning: A meta-analysis [J]. *Computer Assisted Language Learning* 21: 199-226.

Adlof, S. M., H. W. Catts & J. Lee. 2010. Kindergarten predictors of second versus eighth grade reading comprehension impairments [J]. *Journal of Learning Disabilities* 43: 332-345.

Acklin, D. & M. H. Papesh. 2017. Modern speed-reading apps do not foster reading comprehension [J]. *American Journal of Psychology* 130: 183-199.

Apel, K., E. B. Wilson-Fowler, D. Brimo & N. A. Perrin. 2012. Metalinguistic contributions to reading and spelling in second and third grade students [J]. *Reading and Writing* 25: 1283-1305.

Benjamin, R. G. & P. J. Schwanenflugel. 2010. Text complexity and oral reading prosody in young readers [J]. *Reading Research Quarterly* 45: 388-404.

Catts, H. W., M. Gillispie, L. B. Leonard, R. V. Kail & C. A. Miller. 2002. The role of speed of processing, rapid naming, and phonological awareness in reading achievement [J]. *Journal of Learning Disabilities* 35: 510-525.

Chang, C. K. & C. K. Hsu. 2011. A mobile-assisted synchronously collaborative translation–annotation system for English as a foreign language (EFL) reading comprehension [J]. *Computer Assisted Language Learning* 24: 155-180.

Fitzgerald, J. 1995. English-as-a-second-language reading instruction in the United States: A research review [J]. *Journal of Reading Behavior* 27: 115-152.

Geva, E. & E. B. Ryan. 1993. Linguistic and cognitive correlates of academic skills in first and second languages [J]. *Language Learning* 43: 5-42.

Hecht, S. A., S. R. Burgess, J. K. Torgesen, R. K. Wagner & C. A. Rashotte. 2000. Explaining social class differences in growth of reading skills from beginning kindergarten through fourth-grade: The role of phonological awareness, rate of access, and print knowledge [J]. *Reading and Writing* 12: 99-128.

Horst, M. 2005. Learning L2 vocabulary through extensive reading: A measurement study [J]. *Canadian Modern Language Review* 61: 355-382.

Hopp, H. 2006. Syntactic features and reanalysis in near-native processing [J]. *Second Language Research* 22: 369-397.

Hsu, C. K., G. J. Hwang & C. K. Chang. 2013. A personalized recommendation-based mobile learning approach to improving the reading performance of EFL students [J]. *Computers & Education* 63: 327-336.

Lan, Y. J., Y. T. Sung & K. E. Chang. 2007. A mobile-device-supported peer-assisted learning system for collaborative early EFL reading [J]. *Language Learning & Technology* 11: 130-151.

Language and Reading Research Consortium. 2015. Learning to read: Should we keep things simple? [J]. *Reading Research Quarterly* 50: 151-169.

Levy, M. 2009. Technologies in use for second language learning [J]. *The Modern Language Journal* 93: 769-782.

Liaw, M. L. 2006. E-learning and the development of intercultural competence [J]. *Language Learning & Technology* 10: 49-64.

Li, P. & R. B. Clariana. 2019. Reading comprehension in L1 and L2: An integrative approach [J]. *Journal of Neurolinguistics* 50: 94-105.

Mestres, E. T. & A. Pellicer-Sánchez. 2019. Young EFL learners' processing of multimodal input: Examining learners' eye movements [J]. *System* 80: 212-223.

Mohamed, A. A. 2018. Exposure frequency in L2 reading: An eye-movement perspective of incidental vocabulary learning [J]. *Studies in Second Language Acquisition* 40: 269-293.

Verhallen, M. J. & A. G. Bus. 2010. Low-income immigrant pupils learning vocabulary through digital picture storybooks [J]. *Journal of Educational Psychology* 102: 54-61.

Wang, M., C. A. Perfetti & Y. Liu. 2005. Chinese–English biliteracy acquisition: Cross-language and writing system transfer [J]. *Cognition* 97: 67-88.

Wise, B. W., J. Ring & R. K. Olson. 1999. Training phonological awareness with and without explicit attention to articulation [J]. *Journal of Experimental Child Psychology* 72: 271-304.

Sylvén, L. K. & P. Sundqvist. 2012. Gaming as extramural English L2 learning and L2 proficiency among young learners [J]. *ReCALL* 24: 302-321.

Ziegler, J. C., D. Bertrand, B. Lété & J. Grainger. 2014. Orthographic and phonological contributions to reading development: Tracking developmental trajectories using masked priming [J]. *Developmental Psychology* 50: 1026-1036.

常宏，2011，基于建构主义的多媒体网络英语阅读教学 [J]，《继续教育研究》（6）：148-149。

常欣、赵登明、王沛，2007，计算机辅助教学对英语阅读能力的影响 [J]，《心理科学》（1）：145-147。

方英，2008，英语阅读研究十年回顾 [J]，《宁波大学学报（人文科学版）》（1）：67-71。

王莹，2006，网络环境下的中学英语阅读教学 [J]，《课程·教材·教法》（8）：44-47。

潘志宇，2001，中学英语阅读课的多媒体网络教学模式初探 [J]，《外语电化教学》（3）：47-49。

吴晓燕、王菲，2020，近20年国际二语阅读研究进展 [J]，《现代外语》（3）：424-434。

赵云丽，2009，近十年国内英语阅读教学研究综述 [J]，《牡丹江师范学院学报（哲学社会科学版）》（3）：86-89。

宗云，2010，基于多媒体环境下的英语阅读教学策略研究 [J]，《课程·教材·教法》（2）：67-71。

通信地址：100083　北京市海淀区西三环北路83号首都师范大学北一区外语楼603

作者简介：杨丽，首都师范大学外国语学院副教授，北京外国语大学中国儿童语言研究中心研究员，研究方向为二语习得。
Email: yangliedu@yeah.net

徐晓晗，首都师范大学外国语学院硕士研究生，研究方向为二语习得。
Email: xuxiaohan1024@163.com

语音意识对儿童英语习得的影响：
国内研究综述

北京外国语大学　　**周羽西　　陈亚平**

提要：本文综合1998—2020年国内语音意识对汉语儿童习得的影响研究，探讨该领域的历时发展特征、核心议题以及现存的问题。我们根据每年发表文章的数量划分出三个时期：研究起始期、快速发展期和稳步发展期，依次归纳其研究内容、研究方法和受试选择的特点。经整理发现，该领域的核心议题有两个：英语语音意识对汉语儿童英语阅读和拼写的影响；汉语语音意识对汉语儿童英语阅读的影响。本文对国内研究存在的问题进行了总结。

关键词：英语语音意识；汉语语音意识；儿童二语习得

1. 引言

语音意识（phonemic awareness）是个体对言语的语音分析能力或对言语音位片段的反应与控制能力（Bruce 1964）。语音意识属于元语言意识的一种（Tunmer *et al.* 1985，1988）。从语言结构的角度来看，语音意识包括音位、首尾韵和音节意识三种成分（Treiman 1991），汉语语音意识除了以上三种成分外，还包括声调意识（陶沙等 2007）。

国外研究表明语音意识在儿童读写能力发展中起着重要作用（McBride-Chang & Kail 2002；Melby-Lervåg *et al.* 2012；Hulme *et al.* 2012；Schatschneider *et al.* 2004；Ogino *et al.* 2017）。以英语为母语和以英语为二语的儿童的研究均发现，语音意识对儿童的读写发展及阅读困难（dyslexia）具有长期预测作用，语音意识训练能够有效促进儿童读写能力的发展（Hulme *et al.* 2012；Pfost *et al.* 2019；Schatschneider *et al.* 2004；Suggate 2016）。

国内针对语音意识对儿童二语习得的研究也有不少。本文以中国知网为数据源，以"语音意识"并列"儿童"（或"小学生"）并列"英语"作为主题检索，从结果中筛选出以儿童学习者为研究对象、聚焦语音意识对其二语习得的影响的研究，对国内20多年来（1998年至2020年6月）的重要期刊论文和著作进行文献检索和整理。在总结现有实证研究的基础上，进行综合性的分析，探讨该领域的发展脉络、核心议题以及显现的问题。

2. 总体状况

2.1　研究数量

在中国知网检索得到478篇文献，从图1中可以看出，从1998年出现第一篇相关文献（丁朝蓬、彭聃龄 1998）开始，一直到2003年只有零星几篇文献。从2004年开始数量缓慢上升，2010年发表的论文数量达到最高，单年产出24篇，然后一直维持在一个较高水平。

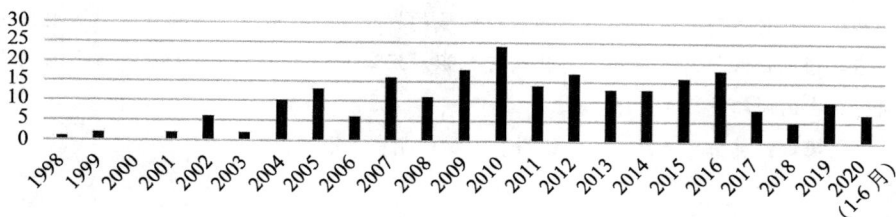

图 1. 相关论文单年发表数量

2.2　阶段特点

我们根据每年发表文章的数量，将其历时发展分为三个时期：研究起始期（1998—2003），快速发展期（2004—2010）和稳步发展期（2011年至今）。下面我们从研究内容、研究方法和受试三个方面对每个时期的特点进行归纳总结。

研究起始期（1998—2003）：在研究内容上，学者们多总结国外过往研究成果（陈萍等 1999；姚玉红 2001），或探讨汉语儿童英语语音意识的发展变化规律并将其与英语母语儿童相比较（如丁朝蓬、彭聃龄 1998；姜涛、彭聃龄 1999；徐芬 2002），还有部分研究探索语音意识对二语儿童阅读发展水平的预测力（如俞国良、王燕 2001；王燕等 2002；钟毅平等 2002）。在研究方法上，研究者多采用横断设计来检测语音意识的发展规律（如俞国良、王燕

2001），其测试通常局限在语音意识的某一方面并采用单一任务来实施（如钟毅平等 2002；俞国良、王燕 2001），在受试的选择上，基本只涉及普通话儿童。

快速发展期（2004—2010）：在研究内容上，出现了两大主线：语音意识预测力的调节因素及调节方法（如董莉、闻素霞 2010；陶沙等 2005，2007）和英语语音意识跨语言一致性、差异与迁移（刘文理、刘翔平 2006；陶沙等 2005）。在研究方法上，仍基本采用横断设计来检测语音意识并推测其作用（如刘莹、董燕萍 2006；尹莉 2007），但出现了语音意识训练的新研究范式（如郑小蓓等 2009；李荣宝等 2008），研究者试图从干预训练的角度探讨语音意识对英语读写的作用。在语音意识测试方法上，研究者开始从音位意识、首音—韵脚意识和音节意识等方面，全方位考察受试的英语语音意识情况（如陶沙等 2007），此外，还有研究利用ERP技术测量语音意识（如于爱华等 2009）。在受试的选择上，研究开始涉及方言儿童和少数民族儿童（李荣宝 2008；李荣宝等 2008；胡朝兵等 2008）。

稳步发展期（2011年至今）：在研究内容上，语音意识与二语习得的关系，尤其是与二语阅读的关系研究成为主线，不少研究开始探究"元语言意识"（包括语音、语素和正字法意识）作为一个整体与二语习得的互动（如常云、吴金华 2013；何享、张笑非 2020；李利平等 2016；梁利娟、陈宝国 2013）。在研究方法上更加多元，除了横断设计外，还出现了跟踪研究（如董琼等 2014），以及元语言意识训练方法研究（如常云、吴金华 2013）。在测试方法上，语音意识多元成分观更为广泛接受，研究者普遍采用更全面的语音意识检测方法（如李蓓蕾等 2011；刘春燕、李玲云 2015）。在受试的选择上，研究更多地涉及方言儿童和少数民族儿童（如高悦等 2016；韦晓保 2017，2019）。

在以上这三个时间段的发展变化中，有两个核心研究议题始终受到学界重视：英语语音意识对汉语儿童英语阅读和拼写的影响和汉语语音意识对汉语儿童英语阅读的影响。下面我们将对此深入探讨。

3. 英语语音意识对汉语儿童英语阅读和拼写的影响

英语语音意识对汉语儿童英语阅读的影响研究多关注前者对后者的预测性以及预测性的调节变量。阅读任务通常包括单词认读、句子阅读理解和短文阅读理解。其中，对于低龄儿童的阅读能力测试大多采用单词认读任务，因为其对句子和短文理解能力有限。而且单词认读是习得阅读的基本过程之一（Hoover & Gough 1990），流畅的阅读以快速的、与背景无关的单词认读为标志（Perfetti 1987）。在国内对这一领域的研究首先聚焦在英语语音意识对汉语儿童英语阅读是否具有预测力这一主题，并已基本达成具有预测力这一共识。例如闫嵘等（2005）通过平行语音和词汇加工任务，以64名早期半浸入式双语幼儿园大班为研究对象，发现英语音素识别、英语假词跟读与英语词汇认读之间存在显著性相关。刘莹、董燕萍（2006）采用音位检测、判断和删除为语音意识任务，以小学三年级和五年级儿童为研究对象，发现英语语音意识对汉语儿童英语单词认读具有预测力。早期研究中仅有少数研究得出了不同的结论，比如龚少英等（2009）以初中一年级学生为研究对象，发现英语句法意识是单词阅读、句子和短文阅读理解的最强有力的预测指标，英语语音意识只对短文阅读理解有显著预测作用。这一差异的原因可能是受试的年龄差别，以及采取的操作任务的区别，龚少英等仅使用音素定位任务测试语音意识，可能导致语音意识与单词阅读之间的关系改变。

　　由于大部分研究得出了英语语音意识对汉语儿童英语阅读具有预测力这一基本共识，很多研究者进一步研究英语语音意识的哪个成分对二语阅读的影响最大和语音意识的预测力受什么因素调节、以及如何调节的问题。

　　英语语音意识的哪个成分对二语阅读具有最大的预测作用尚无定论。有研究认为首音、韵尾意识对儿童单词认读起到重要作用，也有研究认为音位意识或者音节意识起到主要的预测作用。陶沙等（2007）以小学三年级和五年级学生为受试，采用英语音节、首音、韵脚、音位的辨别和删除为语音意识任务，将英语教材中的单词和假词拼读作为单词认读任务。结果发现英语的首音—韵脚意识在汉语儿童的英语阅读中不仅具有显著的独立贡献，而且还完全调节了汉语语音意识对英语阅读的作用。闻莉（2014）以小学一到三年级的81名汉语儿童为受试，以英语首音—韵脚意识任务和音位意识任务，汉语首音—韵脚意识任务、音位意识任务以及声调意识作为语音意识任务，得出了不同的结果：虽然英语语音意识的各个水平与单词认读能力均显著相关，但是在控制了瑞文推理和工作记忆等因素后，只有音位意识对单词认读具有显著的独立贡献。刘春燕、李玲云（2015）采用首音—韵脚辨别、音节整合、音素整合作为语音测试任务，以《英语测试报》上的阅读理解题为阅读测试任务，对12岁左右的儿童进行了研究。结果发现音节意识与阅读理解能力相关性最高，对阅读理解能力的预测性作用也最强。

　　研究发现，年龄、阅读任务类型和阅读水平都能调节英语语音意识的预测力。刘莹、董燕萍（2006）发现，汉语儿童的语音意识能预测英语单词认读，但预测力随着年级的增加而减弱。李蓓蕾等（2011）采用首音、韵脚和音位删除为语音意识任务，英语教材中的单词为单词认读任务，考察具有不同读写经验的小学一、二、五年级儿童的英语语音意识各成分与其读写发展之间的关系，发现一、二年级儿童的读写能力与首音意识联系最为紧密，而五年级儿童的读写能力则与其音位意识联系最为紧密。语音意识的预测力受年龄的调节可能是因为儿童的英语语音意识随着年龄的增长而出现变化所致（如吴师伟2016；徐芬、董奇2005）。例如徐睿（2017）发现儿童的押韵意识和首音意识在五年级出现显著变化，五年级是音位组合能力和音位切分能力发展的关键期，儿童组合不同类型音位的能力和切分简单音节的能力出现显著进步。关于阅读任务的调节作用，龚少英等（2009）发现语音意识与单词阅读和句子理解的相关性不显著，但对短文阅读理解有显著预测作用。韦晓保（2017）发现，语音意识对假词拼读的预测性大于真词认读，与真词认读相比，假词拼读对语音意识的要求更高、依赖性更大。阅读水平的调节作用也被一些研究证实，例如陶沙等（2007）的研究发现首音—韵脚意识能有效预测阅读水平正常的儿童单词认读，而音节意识是阅读水平较差儿童单词阅读的有效预测变量。

英语语音意识对汉语儿童英语拼写的研究也是研究重点之一，这是因为拼写过程是使用特定的书面符号对语音进行表征、描述和输出的过程，更依赖个体语音解码能力，因此语音意识对儿童拼写能力发展起着重要的作用（Bradley & Bryant 1983；韦晓保2019）。现有研究基本证实了这点（如张积家、林志华2002；侯可怡2009），但发现年龄和单词类别能够调节英语语音意识对拼写的影响力。例如董莉、闻素霞（2010）发现，对于低龄儿童来说，个体在首音韵音意识上的差异是影响他们拼写的重要因素之一，李蓓蕾等（2011）发现一年级的首音意识显著解释其单词读写的变异，二年级的首音意识显著解释其单词拼写的变异，五年级的音位意识显著解释其单词读写的变异。丁朝蓬、彭聃龄（1998）对小学二至六年级学生的研究发现，韵脚意识与CVC（C表辅音，V表元音）型单词的拼写成绩显著相关，韵脚意识和音位意识与CCVC型单词的拼写成绩显著相关。

4. 汉语语音意识对汉语儿童英语阅读的影响

汉语语音意识对汉语儿童英语阅读的影响主要有以下两个研究方向：汉语语音意识的语言迁移问题和汉语语音意识如何影响二语英语阅读。

关于语言迁移问题，现有研究一般都认为汉语语音意识可以迁移到英语学习。陶沙等（2005）采用语音辨别和语音删除两种任务对汉语儿童的母语和英语语音意识的结构特点、跨语言的普遍性、特异性与语言间的迁移进行了考察。相关与回归分析表明，汉语儿童母语与英语的语音意识具有密切的内在联系，前者能有效预测后者的发展；同时儿童汉语语音加工经验明显影响了其英语的语音操作，反映了母语语言经验对新学习语言加工过程的制约作用。陶沙等（2007）对三年级和五年级小学生的研究进一步验证了母语语音意识和加工特点对儿童二语学习的重要作用。研究指出，二语的学习必然以已经获得的第一语言经验为基础和背景，儿童二语的学习，特别是在学习的初期，可能受到母语加工特点的深刻影响。尹莉（2007）采用区分首音性质的英语首音判断和汉语首音判断，以及区分词/字性质（熟悉性、规则性、真假性）的英语单词阅读与汉字阅读作为测试任务，研究中国一年级儿童在早期英语学习阶段英、汉语音意识与词/字阅读之间的关系。结果表明，英语语音意识与汉语语音意识存在显著相关。何享、张笑非（2020）对国内外阅读认知加工的语言迁移研究进行了整理和述评，发现表意与表音两种语言之间存在语音认知加工的双向语言迁移。

对于汉语语音意识如何影响英语语音意识这一问题，研究者采取两种视角，一个从操作任务的角度切入，即探究汉语语音意识的操作任务对英语语音意识有何影响；另一个从语言结构的角度切入，即汉语语音意识的不同成分对英语语音意识有何影响。研究发现汉语语音意识操作任务对英语语音意识具有影响。闫嵘等（2005）对64名早期半浸入式双语幼儿园大班儿童英汉两种语言语音意识和词汇认读能力进行双向测查，他们采用音素识别、音节辨认、韵脚判断和假词跟读测量儿童语音意识，用儿童在英、汉两种具有不同音节和词频水平的词汇识别任务考察儿童的词汇认读能力。结果发现，双语儿童两种语言不同语音意识和词汇认读之间存在跨语言的多重相关，其中汉语音节辨认与英语词汇认读存在显著性相关。刘莹、董燕萍（2006）的研究发现，汉语韵母检测任务和英语认读显著相关。

汉语语音意识的不同成分对英语语音意识也存在影响。例如徐芬、董奇（2005）以押韵、首音、末位音位和音位计数等四项任务测量英语语音意识，以押韵、首音、音位删除和声调意识任务测量汉语语音意识，考察一、三、五年级的302名汉语儿童汉语与英语语音意识发展间的关系。结果发现，汉语与英语语音意识之间存在着显著相关，其中汉语押韵意识与英语各语音意识的相关性最高，而声调意识最低；汉语语音意识水平高的儿童在英语语音意识各任务上的正确率显著地高于汉语语音意识水平低的儿童。闻莉（2014）发现汉语音位意识比英语音位意识对单词认读的预测能力更强；汉语语音意识的各个水平与单词认读能力之间均有显著相关，但在控制了瑞文推理和工作记忆等因素后，只有音位意识对儿童的单词认读能力有预测作用。

5. 结语

本文将国内语音意识对儿童英语习得的影响研究分为研究起始期、快速发展期和稳步发展期三个时期，并对其研究内容、研究方法和受试选择的特点进行了总结，同时重点总结了英语语音意识对汉语儿童英语阅读和拼写的影响以及汉语语音意识对汉语儿童英语阅读的影响。

尽管相关研究不断发展，但语音意识在学界并未受到足够重视，朱英、郑霄雯（2018：336）指出其原因可能是"我国英语教学长期以来重应试，而应试的重点自然就是词汇、语法、阅读、写作等方面，大多数学校及英语教师还没有认识到语音意识对于学生的英语习得有着显著地影响。"与国际上相关研究相比，国内研究还需在以下几个方面提高。首先，研究的深度和广度可以进一步拓展。例如由于不同阅读任务、不同年级、语言水平而存在的实验结果的差别仍需要进一步研究；针对患病儿童的语音意识的研究（如阅读障碍、自闭症儿童等）（如Swanson *et al.* 2005）还较少（如吴思娜等 2004）。其次，多元测量方法有待加强。例如汉语语音意识除包含音位、首尾韵和音节意识外，还有声调意识。对这些成分进行全方位的检测研究几乎还是空白。语音意识的测验材料可以同时运用真词和假词；呈现方式不但可以采用纸笔测验，也可以结合视听（常莉、侯建波 2015）。伍秋萍等（2017：649）指出："语音要素的多水平混合和操纵范式的混合形式均有最大的预测效应量。"研究还可以结合神经科学领域的最新研究手段，对语音意识进行更精确的测量，提高研究结果的效度。

参考文献

Bradley, L.& P. E. Bryant. 1983. Categorizing sounds and learning to read: A causal connection [J]. *Nature* 301: 419-421.

Bruce, D. 1964. The analysis of word sounds by young children [J]. *British Journal of Educational Psychology* 34: 158-170.

Hoover, W. A. & P. B. Gough. 1990. The simple view of reading [J]. *Reading and Writing* 2: 127-160.

Hulme, C., C. Bowyer-Crane, J. M. Carroll, F. J. Duff & M. J. Snowling. 2012. The causal role of phoneme awareness and letter-sound knowledge in learning to read: Combining intervention studies with mediation analyses [J]. *Psychological Science* 23: 572-577.

McBride-Chang, C. & R. V. Kail. 2002. Cross-cultural similarities in the predictors of reading acquisition [J]. *Child Development* 73: 1392-1407.

Melby-Lervåg, M., S.-A. H. Lyster & C. Hulme. 2012. Phonological skills and their role in learning to read: A meta-analytic review [J]. *Psychological Bulletin* 138: 322-352.

Ogino, T., K. Hanafusa, T. Morooka, A. Takeuchi, M. Oka & Y. Ohtsuka. 2017. Predicting the reading skill of Japanese children [J]. *Brain & Development* 39: 112-121.

Perfetti C. A., I. Beck, L. C. Bell & C. Hughes. 1987. Phonemic knowledge and learning to read are reciprocal: A longitudinal study of first grade children [J]. *Merrill-Palmer Quarterly* 33: 283-319.

Pfost, M., K. Blatter, C. Artelt & P. Schneider. 2019. Effects of training phonological awareness on children's reading skills [J]. *Journal of Applied Developmental Psychology* 65: 1-12.

Schatschneider, C., J. M. Fletcher, D. J. Francis, C. D. Carlson & B. R. Foorman. 2004. Kindergarten prediction of reading skills: A longitudinal comparative analysis [J]. *Journal of Educational Psychology* 96: 265-282.

Swanson, T. J., B. W. Hodson & M. Schommer-Aikins. 2005. An examination of phonological awareness treatment outcomes for seventh-grade poor readers from a bilingual community [J]. *Language, Speech and Hearing Services in Schools* 36: 336-345.

Suggate, S. 2016. A meta-analysis of the long-term effects of phonemic awareness, phonics, fluency, and reading comprehension interventions [J]. *Journal of Learning Disabilities* 49: 77-96.

Treiman, R. 1991. Phonological awareness and its roles in learning to read and spell [A]. In D. J. Sawyer & B. J. Fox (eds.). *Phonological Awareness in Reading* [C]. Springer-Verlag. 159-189.

Tunmer, W. E. & A. R. Nesdale. 1985. Phonemic segmentation skill and beginning reading [J]. *Journal of Educational Psychology* 77: 417-427.

Tunmer, W. E, M. L. Herriman & A. R. Nesdale. 1988. Metalinguistic abilities and beginning reading [J]. *Reading Research Quarterly* 23: 134-158.

常云、吴金华，2013，元语言意识对第二语言读写能力的作用：来自训练研究的证据 [J]，《内蒙古师范大学学报（教育科学版）》（4）：103-106。

常莉、侯建波，2015，我国2004—2013年十年间语音意识研究状况评述 [J]，《河南工业大学学报（社会科学版）》（2）：139-143。

陈萍、陈仲庚、许政援，1999，国外对儿童阅读能力与语言发展关系的研究 [J]，《心理学动态》（3）：26-30。

丁朝蓬、彭聃龄，1998，汉语儿童英语语音意识与拼写 [J]，《心理学报》（3）：248-253。

董莉、闻素霞，2010，汉语儿童英语语音意识与拼写的关系 [J]，《心理与行为研究》（2）：146-149。

董琼、李虹、伍新春、饶夏溦、朱瑾，2014，语素意识、语音意识和快速命名在学前儿童言语能力发展中的预测作用：来自追踪研究的证据 [J]，《心理与行为研究》（2）：207-211。

高悦、孟祥芝、刘丽，2016，汉—英双语儿童母语和二语阅读困难共患的发生率、认知与弥散张量成像特点研究 [A]，第十九届全国心理学学术会议摘要集 [C]：35-36。

龚少英、徐先彩、叶晶、韩亚平，2009，初一英语语音意识、句法意识、工作记忆与英语阅读的关系 [J]，《湖南师范大学教育科学学报》（1）：91-95。

何享、张笑非，2020，阅读认知加工的跨语言迁移研究综述 [J]，《浙江理工大学学报（社会科学版）》（2）：134-143。

侯可怡，2009，汉语儿童英语语音意识、字母知识及汉语拼音水平与英语单词拼写的关系研究 [D]，硕士学位论文。福州：福建师范大学。

胡朝兵、张兴瑜、余林，2008，国内外关于聋生语音意识的研究进展 [J]，《中国特殊教育》（2）：24-30。

李蓓蕾、陶沙、董奇，2011，英语语音意识在汉语儿童英语单词阅读及拼写中的作用 [J]，

《心理发展与教育》（4）：388-393。

李虹、饶夏溦、董琼、朱瑾、伍新春，2011，语音意识、语素意识和快速命名在儿童言语发展中的作用 [J]，《心理发展与教育》（2）：158-163。

李利平、伍新春、熊翠燕、程亚华、阮氏芳，2016，元语言意识和快速命名对小学生汉字听写的影响 [J]，《心理发展与教育》（6）：698-705。

李荣宝，2008，语音经验对儿童第二语言发展的影响——来自方言儿童的证据 [M]。福州：福建教育出版社。

李荣宝、张家秀、李艳铃、陈素梅，2008，语音辨析训练对方言儿童语音意识和阅读能力发展的作用 [J]，《心理科学》（2）：369-374。

梁利娟、陈宝国，2013，元语言意识对第二语言习得的影响及其与其他因素的交互作用 [J]，《外语教学理论与实践》（2）：21-27。

刘春燕、李玲云，2015，英语语音意识与阅读理解能力的相关性研究 [J]，《第二语言学习研究》（1）：64-75。

刘文理、刘翔平，2006，阅读发展相关的认知技能：汉语和英语的比较 [J]，《心理科学进展》（5）：665-674。

刘莹、董燕萍，2006，汉语儿童英汉语语音意识和英语单词认读能力的关系 [J]，《心理科学》（4）：960-962。

姜涛、彭聃龄，1999，汉语儿童的语音意识特点及阅读能力高低读者的差异 [J]，《心理学报》（1）：60-67。

姜玉珍、谢为伊、孟祥芝，2015，汉语普通话儿童英语词汇阅读的影响因素 [J]，《外语教学与研究》（3）：405-416。

舒华、孟祥芝，2000，汉语儿童阅读困难初探——来自阅读困难儿童的统计数据 [J]，《语言文字应用》（3）：63-69。

陶沙、黄秀梅、李伟，2005，儿童汉英双语语音意识：跨语言一致性、差异与迁移 [J]，《北京师范大学学报（社会科学版）》（3）：47-54。

陶沙、冯艳皎、李伟，2007，语音意识的不同成分在汉语儿童英语阅读学习中的作用 [J]，《心理发展与教育》（2）：82-92。

王燕、林崇德、俞国良，2002，英语学习不良儿童语音能力与阅读理解的关系 [J]，《心理学报》（3）：279-283。

韦晓保，2017，语音和韵律意识在汉语儿童英语单词拼写中的作用 [J]，《解放军外国语学院学报》（4）：79-86。

韦晓保，2019，英语语音意识在维吾尔族儿童英语单词读写发展中的预测作用 [J]，《语言学研究》（1）：166-177。

闻莉，2014，汉语儿童英语和汉语语音意识对英语单词认读的作用 [J]，《心理与行为研究》（2）：193-198。

吴师伟，2016，小学生双语语音意识发展状况及特点 [J]，《文教资料》（8）：52-53。

吴思娜、舒华、王彧，2004，4～6年级小学生发展性阅读障碍的异质性研究 [J]，《心理发展与教育》（3）：46-50。

伍秋萍、郑佩芸、刘相辉，2017，3—12岁儿童对汉语声、韵、调的意识与早期阅读的关系：基于元分析的证据 [J]，《心理与行为研究》（5）：643-653。

徐芬，2002，儿童汉语和英语语音意识的发展特点及其相互关系 [D]，博士学位论文。杭州：浙江大学。

徐芬、董奇，2005，汉语儿童汉语与英语语音意识发展的关系 [J]，《心理发展与教育》
　　（1）：31-35。

徐睿，2017，汉语儿童英语语音意识的跨年级发展特征研究 [J]，《基础外语教育》
　　（6）：29-35。

闫嵘、俞国良、张磊，2005，双语儿童语音意识与词汇认读关系的研究 [J]，《心理科学》
　　（2）：304-307。

姚玉红，2001，西方语音意识研究及其对我国教育的启示 [J]，《宁波大学学报（教育科学
　　版）》（4）：9-12。

尹莉，2007，跨语言语音意识与词汇阅读模式——一项关于中国英语初学儿童的实证研究
　　[J]，《外语教学》（03）：47-51。

于爱华、唐浩、韩玉昌，2009，中英文听觉韵脚意识的ERP研究 [J]，《心理科学》（5）：
　　1082-1085。

俞国良、王燕，2001，英语学习不良儿童语音意识假词拼读与单词认知能力的关系研究
　　[J]，《心理科学》（6）：683-686。

张积家、林志华，2002，汉语拼音水平与英语语音意识、英语拼写能力的关系 [J]，《心理
　　科学》（5）：601-602。

郑小蓓、王正科、刘冬梅、许婕、李文玲、孟祥芝，2009，语音训练对幼儿英语语音意识
　　和字母知识的促进 [J]，《心理发展与教育》（1）：66-71。

钟毅平、Catherine Mcbride-Chang、Connie Suk-Han Ho，2002，中国香港双语儿童初步阅读
　　能力与语音、文字加工关系的研究 [J]，《心理科学》（2）：173-176。

朱英、郑霄雯，2018，语音意识对汉语儿童英语习得影响研究述评 [J]，《佳木斯职业学院
　　学报》（7）：335-337。

通信地址： 100089　　北京市海淀区西三环北路2号北京外国语大学英语学院
作者简介： 周羽西，北京外国语大学英语学院研究生，研究方向为二语习得。
　　　　　　　Email: 546770930@qq.com
　　　　　　　陈亚平，北京外国语大学英语学院教授，中国儿童语言研究中心主任，研究方向为二
　　　　　　　语习得、心理语言学。
　　　　　　　Email: ypchen@bfsu.edu.cn

儿童早期英语阅读发展关键因素 *

北京外国语大学　　**陈亚平**

提要： 如何有效促进儿童英语阅读的发展日益受到关注，但我国不少儿童教育者对儿童的英语学习和阅读发展缺乏深刻的认识，盲目地跟风采取某些教学方法，而不考虑这些方法使用的前提和条件，使某些方法失去了它们本来应该有的效果，导致英语阅读费时低效的局面。本文在综合过往研究的基础上，总结出影响儿童早期英语阅读发展的三大关键因素：听说能力、拼读能力和内在兴趣，提出听说领先、拼读跟进、兴趣为上的儿童早期英语阅读发展理念。

关键词： 儿童英语阅读；听说能力；拼读能力；内在兴趣

1. 引言

儿童英语阅读的必要性日益受到国人的认同，国家《义务教育英语课程标准》明确规定，义务教育六年级结束时应读完约4万字以上。在此背景下各种分级读物纷纷面世，许多公立、私立小学和培训机构纷纷开展各式各样的促进儿童英语阅读的活动，也有不少研究人员对如何有效地开展儿童阅读进行研究，在中小学实验图片环游、持续默读、故事地图、拼图阅读和阅读圈等可操作性比较强的教学方式（王蔷、敖娜仁图雅 2017），发现这些方式获得了很好的教学效果。但同时研究也发现，不少儿童到了小学四年级就开始失去学习英语的兴趣（李燕芳等 2010；万晴、赖福聪 2016），上课不愿意听讲，课后不愿意阅读。

为什么在分级读物充足、教学方法精彩纷呈的今天，还有儿童失去英语学习的兴趣，不愿意阅读呢？我们认为症结在于我们对儿童的英语学习和阅读发

---

* 本文得到北京外国语大学英语学院中国儿童语言研究中心的资助。

展缺乏深刻的认识，盲目地跟风采取某些教学方法，而不考虑这些方法使用的前提和条件，致使某些方法失去了它们本来应该有的效果，甚至还起到了负面效果。例如在英语母语国家被认为是教导儿童阅读及提高阅读理解能力的最有效的自然拼读法，我国香港和台湾地区从2000年率先引入以来，在我国已经进入大规模推广和普及阶段。虽然其对我国儿童英语阅读的促进作用鲜有实证研究，但从身边老师和学生的反馈来看，效果并不太理想，学生并不能运用拼读知识去实现自主阅读。忽视学习自然拼读的前提条件是效果不理想的原因。自然拼读是一种解码能力，其前提是学习者必须拥有大量的口语词汇量。当他们看到书面文字时，通过解码把音读出来，与心理词库中已有口语词汇进行对接，从而获得单词的意义。如果心理词库中事先没有储存这个单词的音和义，即使能读出音来，也是毫无意义的声音。因此不先满足这个前提条件就生搬硬套地学习国外的自然拼读课程，一味地强调"见词能读，听音能写"，显然是本末倒置。

本文在综合过往研究的基础上，总结出影响儿童早期英语阅读发展的三大关键因素：听说能力、拼读能力和内在兴趣，提出听说领先、拼读跟进、兴趣为上的儿童早期阅读发展理念。本文中的儿童早期英语阅读指的是小学阶段的阅读。

2. 听说能力

母语阅读和二语阅读最为明显的不同是语言知识之间的差距。母语学龄儿童开始阅读时一般已经拥有了上千甚至几千口语词汇，而且知道如何使用这些词汇去构成句子、篇章来进行交流。而二语学龄儿童的二语知识非常有限，他们口语词汇量通常很小，听说能力很低。然而阅读是建立在口头语言知识的基础上的，阅读从最基本的层面来说就是将书面文字与口头听说知识相联系的过程，听说是阅读的前提，听说水平对阅读的发展起着决定性的作用。

大量研究发现无论是母语儿童还是二语儿童，其听说能力与阅读能力正相关（如Pearson *et al.* 2007；Leider *et al.* 2013），在儿童阅读发展初期，听说技能好的儿童阅读能力发展更早更快。例如，Palacios & Kibler（2016）对早期儿童历时研究，即对幼儿组数据库中21,409位儿童英语阅读发展和口语水平关系的研究，发现平时不使用英语口语进行交流和上幼儿园后才开始口语训练的非英语母语儿童，较之英语母语儿童，其阅读水平在整个小学阶段都处于劣势。Babayigit（2014）发现二语听说技能对二语阅读有非常强的预测性，是组间阅读成绩差异的最重要解释因子。Verhoeven & van Leeuwe（2012）发现随着年级的增加，儿童的听力理解对英语阅读的影响呈现上升趋势，

Nakamoto *et al.*（2008）对西班牙语英语学习者的听力理解和阅读关系的研究也有类似发现。

与听说能力紧密相关的一个重要因素是口语词汇量。对于需要掌握多少词汇才能顺利阅读，不同的研究者有不同的见解，但几乎所有人都认为这个量应该是很大的。研究表明阅读者需要熟悉文本中至少95%的词汇才能理解文本，有的研究甚至认为98%的词汇量才能让阅读顺利进行（Nation 2006；Willingham 2017：109）。这意味着词汇量对阅读技能的发展是关键性的。Hemphill & Tivnan（2008）对波士顿16所小学一年级的学生展开了3年的调查，发现口语词汇与三年级期末的阅读成绩显著相关，一年级开始时口语词汇量大的儿童一至三年级的阅读成绩均显著高于起始词汇量低的儿童，后者的阅读水平一直保持在比较低的水平。Uchikoshi（2013）对母语为广东话的小学二年级儿童的英语阅读和口语词汇量之间的关系进行研究，发现口语词汇量显著影响阅读成绩。Uchikoshi *et al.*（2018）对102位母语为西班牙语和广东话的英语二语儿童的跟踪研究发现，英语口头叙述能力能预测一年后英语阅读水平的高低。由于口语词汇是听说水平的主要标志，该研究指出在口头交流中扩大儿童的口语词汇量是提高儿童阅读水平的重要因素。刘霞和陶沙（2007）以120名小学四、五年级儿童为受试，发现汉语儿童的英语口语词汇对阅读学习具有显著的预测作用，其中英语口语词汇产出对英语单词认读的预测作用最显著，英语口语词汇理解对英语单词理解的预测作用更大。

由此可见，阅读以听说能力为基础，基础不扎实，阅读就难以得到很大的发展。那么究竟如何培养儿童的听说能力呢？儿童母语习得研究和我们自己的母语习得经历告诉我们，只要和儿童进行有意义的口头交流，他们就能自动习得听说技能。当然口语词汇还是需要有意识的学习，但这些有意识学习的词汇在成人和儿童的交流中反复使用，并不会给儿童造成很大的负担。将这些词汇组合起来构成句子或语篇所需要的语法却不用刻意去学，在成人与儿童使用词汇进行交流的过程中，儿童会自然而然习得组合词汇的规律，也就是语法，这个过程是内隐的、无意识的。研究发现（如陈亚平、陈馨 2019），青春期前的儿童语言习得机制主要是内隐的，即使成人有意识地去教授儿童语法规则，他们也会采用内隐习得机制去无意识地习得语法，有意识的语法教学似乎对他们不起作用。

我国不少小学教师意识到了听说的重要性，在小学英语课堂中，教师们都有意识地与学生进行口头交流，但从网上的微课、示范课和笔者自己对小学课堂的观察来看，这些口头交流有时并不真实自然。对小学课堂师生互动的研究也发现了这个问题。例如Chen & Wang（2014）对北京两所小学一到六年级

11节英语课的观察研究发现，教师和学生在课堂上有很多交流，课堂气氛很活跃，但细致的分析发现，课堂对话基本上是教师主导，对于一二年级来说更是如此。教师提问是对话的一个主要模式，有两大类型，一是具体物品的识别，常用的句型是"What's this/that?"；第二个是简单评论，常用的句型是"What do you think...?""Is he right?"，而这些问题的答案通常是显而易见的。这样的由教师提问主导的对话在一到四年级尤其常见。这些对话虽然能在一定程度上帮助学生学习，增强他们的自信，但却可能妨碍真实交流技能的发展，而且由于教师课堂上使用的词汇和句型非常有限，学生回答时使用的词汇多局限在英语课本所要求掌握的词汇上，词汇量非常有限。如此贫乏的输入和输出，不利于儿童听说能力的发展（Huttenlocher *et al.* 2002；Morgan *et al.* 2015）。

为了弥补这种状况，使教师和学生更有效地进行有意义的交流，教师应该多采用分级读物分享阅读（shared reading）的形式。儿童读物里面的词汇和语法结构比日常的对话要丰富得多（Mesmer 2016；Noble *et al.* 2018），也远比目前国内小学英语课本的词汇量和语法结构丰富，而且内容更生动有趣。研究发现分享阅读能使教师使用比日常对话交流更丰富的词汇和更复杂的语法结构，确保输入的质量和数量，从而促进儿童口语词汇量、语法复杂度和听说能力的发展（如Uchiyama 2011；Horst & Houston-Price 2015；Noble *et al.* 2018）。例如Uchiyama（2011）对120名10至12岁日本小学生英语故事的分享效果进行研究，发现教师分享故事能显著提高儿童的词汇量和语言理解能力，而辅以故事人物表演的方式效果更好。Uchiyama认为教师讲故事时的音高、语调、单词的重音能帮助儿童猜测单词的意义，辨析词组和句子，语音语调还能显示情节的紧张或舒缓、故事人物的喜怒哀乐，这对于儿童故事的理解都是大有裨益的。教师夸张的动作和表情，让儿童觉得非常有趣，他们能自然地放松下来，沉浸在故事情节当中，在轻松愉快的环境中自然习得语言。

3. 拼读能力

儿童掌握了一定的口语词汇量，有了一定的听说能力后，就可以开始阅读了。这时他们自然会遇到如何理解书面文字意义的问题，即解码问题。解码指单词识别（word recognition），即将书面文字符号与心理词库中的对应条目建立联系，进而获取其语义的过程。人类的语言形式首先是有声的，语音符号和意义的联结是有声语言的自然产物，阅读要求阅读者将文字符号与大脑中已有的音义表征联系起来，建立单词形音义的整体表征。熟练的阅读者有时可以跳过语音直接将形与义联结（参见Henderson 1982），但对于阅读学习者来说，这个过程必须以形码与音码的转换为中介，也就是说学习者必须将文字符号转换成语音符号才能获得语义。英语是字母文字，字母符号表示音位（phoneme），从解码的角度来说，英语属于拼读语言，只要学会有限的字母发音就可以拼读出单词。在早期阅读发展阶段，英语阅读能力在很大程度上受制于拼读解码能力（Verhoeven & van Leeuwe 2012；彭鹏、陶沙 2009；韦晓宝2019）。

　　大量研究发现，在自然语言环境中，儿童无法自然习得拼读解码规则，必须通过有意识的学习（Hoover & Gough 1990；Byrne 2005；Carroll *et al.* 2011），而汉语儿童对英语形音对应规则的掌握水平普遍偏低（彭鹏、陶沙2009；韦晓宝 2019），英语解码能力偏弱。那么儿童阅读者如何才能掌握抽象的形音对应规则呢？拼读法（phonics approach）就是一个简单而又行之有效的方法。

　　自然拼读法最初是应用于英语母语儿童的阅读教学法，它强调通过有意识地学习字母或字母组合的发音来建立字母或字母组合与读音的联系（Chall 1967），培养学生看字读音、听音写词的能力。其优势在于音形一致，从儿童熟悉的26个字母入手，配合发音口诀，将抽象的发音规则具体化，因此容易学，见效快。当然，由于英语是正字法深度较深的语言，其拼写和发音并非完全一一对应，同一个音位可以由不同的字母或字母组合表示，如/f/通常由字母f来表示（fish），但也可以由ph（Philip）或gh（cough）来表示；同一个字母或字母组合可以表示不同的音位，如a可以表示/ei/（ache）、/æ/（dash）、/ɑ:/（what）和/ɔ:/（call）；此外有些字母还不发音，如island中的s和knot中的k；由于英语中有不少外来词，有些词的发音并不遵守英语发音规则，如yacht、aisle等。这些情况的出现给自然拼读带来了一定的困难。但Coltheart *et al.*（2001）发现英语的单音节词中，80%都遵循有限的拼读规则，余下的20%，通常只有一个拼写单位与其最常代表的音位不同，如have，said等。Gontijo *et al.*（2003）发现只要掌握195个词形和461个形音搭配，就能正确拼读160,595个词汇。Solity & Vousden（2009）对66本非分级儿童读物和全套分级读物牛津阅读树（Oxford Reading Tree）以及韵律世界（Rhyme World）系列丛书中的词汇进行分析，发现64个最常用的形音搭配可以让儿童正确拼读书中75%的词汇。如果我们认真对英语词汇进行分析还会发现，有些表面上看似无规律可循的形音搭配，实际上还是有章可循的。例如wash中的元音字母a的发音和其他拼写相近的词不一样，如cash、stash和dash，但却与w字母开头的单词发音一样，如want、wand和watt。同样，thread中的元音发音与beach、leap和seat不同，但却与字母d结尾的单词相同，如bread、stead和dead。如果我们把这些规则都算进去，英语拼写和发音间的一致性会大大提高。

自然拼读法教学的有效性被大量的研究证实。Chall（1967）作为最早的研究之一，通过回顾20世纪60年代中期之前的文献，发现儿童早期系统的自然拼读法学习能显著提高阅读质量。1997年美国国会指定成立的国家阅读专家小组的研究最具影响力，该专家小组对1970年至2000年间38篇儿童阅读文献的元分析发现，自然拼读法是教导儿童阅读及提高阅读理解能力的最有效的方法，越早开始系统的自然拼读教学效果越好，对于有阅读障碍的儿童来说更是如此（Ehri *et al.* 2001）。近年来不少元分析研究都证实了自然拼读法教学对阅读和词汇学习的优越性，如Galuschka *et al.*（2014）和Suggate（2016）。Castles *et al.*（2018）在总结以往文献的基础上，指出自然拼读法是儿童阅读学习的不二选择。自然拼读法最有效的教学方法就是有意识的系统教学法（Geva & Ramírez 2015），包含两种主要方法：合成法（synthetic approach）和分析法（analytic approach），前者首先按照一定顺序教授独立的形音搭配，然后将这些搭配组合成单词；后者从整词开始，通过将整词进行分割来教形音搭配规则。现有研究发现这两种方法并无优劣之分，只要是系统地教授，都能获得很好的效果。

不可否认，英语词汇中还是存在一些不规则的形音搭配，例如eye、yacht、said等，而且这些词通常是最常用的词。Solity & Vousden（2009）发现早期阅读研究（Early Reading Research, Shapiro & Solity 2008）中列举的100个最常用词汇，能涵盖全套牛津树和韵律世界系列丛书中50%的词汇，但这100个词中有61个无法通过最常用的64个形音搭配规则拼读出来。然而数量如此小的词汇完全可以采用整词记忆法来学习。该研究指出，儿童学会最常见的64个形音搭配并整词记忆61个最常见的形音搭配不规则的词，他们就可以成功拼读儿童读物中88%的词汇。

4. 内在兴趣

儿童因为喜爱阅读而阅读。他们被书中的图片、故事情节所吸引，由此产生对阅读的内在兴趣。这种内在兴趣其实是一种情感态度（emotional attitude），是一种生理上的体验，喜爱、厌恶等都是其具体表现。从心理学的角度来说，正面的阅读情感态度起源于正面的阅读经历（Willingham 2017：163）。一个有趣的故事，一次难忘的经历，很可能让儿童喜欢上阅读，因为阅读对于他来说是有趣的。还有一种态度，叫作认知态度（cognitive attitude），来自理性的逻辑的分析。情感态度和认知态度有时并不一定统一，在这种情况下，情感态度往往会占上风（Willingham 2017：166）。例如，教师可以告诉孩子们阅读的重要性，也可以告诉他们阅读是有趣的，从而让他们觉得应该阅读，或认为阅读是有趣的。但如果他们的阅读经历不愉快，他们还是无法喜欢上阅读。由此可见，给儿童创造愉快的阅读经历，帮助他们产生对阅读的正面的情感态度，让他们发自内心地喜欢阅读是很重要的。

儿童对阅读产生正面的情感态度是促使儿童阅读的一个重要方面，但如果不小心谨慎地扶持这种情感，他们有可能失去对阅读的兴趣。期望值理论（the expectancy-value theory）（Wigfield & Eccles 2000）认为人们之所以去做某件事，是因为他们认为这件事会帮助他们取得某种他们希望得到的结果，因此在选择时他们通常会考虑两个因素：所能得到的结果的价值和对达成该结果的期望值，任何一个因素过高或过低都会影响人们的选择。假设某个儿童喜欢读书，相信读书能带来很多欢乐，但如果要获得这个快乐需要付出很大的代价，比如需要查很多生词，那么他很可能选择不去读这本书；或者让他读一本适合幼儿读的书，虽然他能轻而易举地读完这本书，他也可能倾向不去读，因为书太简单不能带来他所期待的快乐。因此要让儿童多阅读，就必须提升阅读所带来的结果的价值和达成该结果的期望值，如给儿童提供他们所喜欢的主题的书，或是他们的朋友们都在读的书，或是对他们有实际用处的书，都能提升结果的价值；给儿童提供充足的适合他们语言水平和理解能力的书，就能提升他们顺利进行阅读的期望值。

另一个可能影响阅读兴趣的因素是奖励，这是一种外在动机刺激。为了鼓励儿童去阅读，不少教师和家长都会采用奖励这个方法。奖励有两类：语言奖励（verbal reward）和有形奖励（tangible reward）（Ryan *et al.* 1983；Deci *et al.* 2001）。奖励对内在兴趣的影响是比较复杂的，因为它有信息性和控制性两个方面。认知评价理论（Cognitive Evaluation Theory）认为内在兴趣是一种内在的心理上对能力（competence）和自决（self-determination）的需求，外在事件如奖励、评价、截止期限等都会影响人们对能力和自决的看法，那些能够提高能力和自决感知的事件会提升内在兴趣，反之则会降低内在兴趣（Deci *et al.*2001）。语言奖励又叫正面反馈（positive feedback），具有信息性，比如教师对学生正在进行的任务作出肯定反馈，使学生充满自信地继续进行下一步任务。因此，语言奖励通常被认为能够提高对能力和自决的感知度，提升内在兴趣（Deci *et al.* 2001）。有形奖励通常被认为具有控制性（Ryan *et al.* 1983），会促使人们将奖励作为从事某种活动的动机基础，从而降低能力和自决的感知，打击内在兴趣（Deci *et al.* 2001；Marinak & Gambrell 2008；Willingham 2017；冯竹青、葛岩 2014），在内在兴趣高的活动中或在活动前就提示有奖励的情况下，有形奖励的负面影响更大（Cameron & Pierce 2002）。那么教师能不能用奖励这个手段呢？什么样的奖励能提升儿童的阅读兴趣呢？

　　奖励的正面作用取决于很多因素，如奖励的条件、类型和时间等（Cameron *et al.* 2005）。比如McLoyd（1979）发现，在内在兴趣很低的活动中使用奖励有助于提升兴趣，在极具挑战性的任务中使用奖励也会起到激励的作用。当奖品跟活动内容契合的时候，比如阅读活动中奖励一本书而不是图标、奖章这类象征性的奖励（如Marinak & Gambrell 2008；Abramovich *et al.* 2013），或在活动完成后出人意料地给予奖励（如Deci *et al.* 2001），都能提升内在兴趣。当然，任何事物都有两面性，通常被认为具有激励作用的语言奖励如果用得不好，也会具有控制性，例如当老师的语言奖励让学生觉得他们应该按照老师的意愿去做时，就具有控制性，从而降低内在兴趣。由此可见，教师应该谨慎使用奖励，把重点放在能激发学生内在兴趣的方式上。

5. 结语

　　和母语阅读一样，二语阅读的前提是听说能力的发展和相当数量的口语词汇储备，在此基础上我们才能谈拼读能力的培养。在外语环境下，低年级应该重点抓听说，为儿童积累尽可能多的口语词汇，自然拼读可以从高年级，比如三、四年级开始。一方面儿童有了一定的听说能力，另一方面他们已经学习了汉语拼音，汉语拼音的知识能够促进自然拼读学习（Wang *et al.* 2005）。同时我们也应该意识到由于阅读环境的不同，儿童二语阅读比母语阅读更具有挑战性。在母语环境下，儿童的阅读机会更多，而且由于读写能力在当今社会是生存的必要条件，他们的阅读动力也更强；而在外语环境下，儿童阅读外语的机会有限，加之课堂上的阅读多与阅读测验等高焦虑度测试相关，儿童的阅读动机会受到负面影响，小心地呵护儿童的内在阅读兴趣关系到儿童阅读的健康发展。综上所述，我们提出听说领先、拼读跟进、兴趣为上的儿童早期阅读发展理念。

参考文献

Abramovich, S., C. Schunn & R. Higashi. 2013. Are badges useful in education? It depends upon the type of badge and expertise of learner [J]. *Educational Technology Research and Development* 61: 217-232.

Babayigit, S. 2014. The role of oral language skills in reading and listening comprehension of text: A comparison of monolingual (L1) and bilingual (L2) speakers of English language [J]. *Journal of Research in Reading* 37 (SUPPL1): S22-S47.

Byrne, B. 2005. Theories of learning to read [A]. In M. J. Snowling & C. Hulme (eds.). *The Science of Reading: A Handbook* [C]. Malden, MA: Blackwell. 104-119.

Cameron, J. & W. D. Pierce. 2002. *Rewards and Intrinsic Motivation: Resolving the Controversy* [M]. Westport, CT: Bergin & Garvey.

Cameron, J., W. D. Pierce, K. Banko & A. Gear. 2005. Achievement-based rewards and intrinsic motivation: A test of cognitive mediators [J]. *Journal of Educational Psychology* 97: 641-655.

Carroll, J. M., C. Bowyer-Crane, F. J. Duff, C. Hulme & M. J. Snowling (ed.). 2011. *Developing Language and Literacy: Effective Instruction in the Early Years* [C]. West Sussex: Wiley-Blackwell.

Castles, A., A. Rastle & K. Nation. 2018. Ending the reading wars: Reading acquisition from novice to expert [J]. *Psychological Science in the Public Interest* 19: 5-51.

Chall, J. S. 1967. *Learning to Read: The Great Debate* [M]. New York: McGraw Hill.

Chen, Z. & Q. Wang. 2014. Examining classroom interactional practices to promote learning in the young learner EFL classroom in China [A]. In S. Rich (ed.). *International Perspectives on Teaching English to Young Learners* [C]. London: Palgrave Macmillan. 45-65.

Coltheart, M., K. Rastle, C. Perry, R. Langdon & J. Ziegler. 2001. DRC: A dual route cascaded model of visual word recognition and reading aloud [J]. *Psychological Review* 108: 204-256.

Deci, E. L., R. Koestner & R. M. Ryan. 2001. Extrinsic rewards and intrinsic motivation in education: Reconsidered once again [J]. *Review of Educational Research* 71: 1-27.

Ehri, L. C., S. R. Nunes, S. A. Stahl & D. M. Willows. 2001. Systematic phonics instruction helps students learn to read: Evidence from the National Reading Panel's meta-analysis [J]. *Review of Educational Research* 71: 393-447.

Galuschka, K., E. Ise, K. Krick & G. Schulte-Korne. 2014. Effectiveness of treatment approaches for children and adolescents with reading disabilities: A meta-analysis of randomized controlled trials [J]. PLoS ONE 9(2): e89900. https://doi.org/10.1371/journal.pone.0089900.

Geva, E. & G. Ramírez. 2015. *Focus on Reading* [M]. Oxford: Oxford University Press.

Gontijo, P. F. D., I. Gontijo & R. Shillcock. 2003. Grapheme–phoneme probabilities in British English [J]. *Behavior Research Methods, Instruments, and Computers* 35:136-157.

Henderson, L. 1982. *Orthography and Word Recognition in Reading* [M]. London: Academic Press.

Hemphill, L. & T. Tivnan. 2008. The importance of early vocabulary for literacy achievement in high-poverty schools [J]. *Journal of Education for Students Placed at Risk* 13: 426-451.

Hoover, W. & P. Gough. 1990. The simple view of reading [J]. *Reading and Writing* 2: 127-160.

Horst, J. S. & C. Houston-Price. 2015. Editorial. An open book: What and how young children learn from picture and story books. *Frontiers in Psychology* 6: 17-19.

Huttenlocher, J., M. Vasilyeva, E. Cymerman & S. Levine. 2002. Language input and child syntax [J]. *Cognitive Psychology* 45: 337-374.

Leider, C. M., C. P. Proctor, R. D. Silverman & J. R. Harring. 2013. Examining the role of vocabulary depth, cross-linguistic transfer, and types of reading measures on the reading comprehension of Latino bilinguals in elementary school [J]. *Reading and Writing* 26: 1459-1485.

Marinak, B. A. & L. B. Gambrell. 2008. Intrinsic motivation and rewards: What sustains young children's engagement with text? [J]. *Literacy Research and Instruction* 47: 9-26.

McLoyd, V. 1979. The effects of extrinsic rewards of differential value on high and low intrinsic interest [J]. *Child Development* 50: 1010-1019.

Mesmer, E. 2016. Text matters: Exploring the lexical reservoirs of books in preschool rooms [J].

Early Childhood Research Quarterly 34: 67-77.

Morgan, P. L., G. Farkas, M. Hillemeier, C. S. Hammer & S. Maczuga. 2015. 24-month-old children with larger oral vocabularies display greater academic and behavioral functioning at kindergarten entry [J]. *Child Development* 86: 1351-1370.

Nakamoto, J, K. A. Lindsey & F. R. Manis. 2008. A cross-linguistic investigation of English language learners' reading comprehension in English and Spanish [J]. *Scientific Studies of Reading* 12: 351-371.

Nation, P. 2006. How large a vocabulary is needed for reading and listening? [J]. *Canadian Modern Languages Review* 63: 59-82.

Noble, H., T. Cameron-Faulkner & E. Lieven. 2018. Keeping it simple: The grammatical properties of shared book reading [J].*Journal of Child Language* 45: 753-766.

Palacios, N. & A. Kibler. 2016. Oral English language proficiency and reading mastery: The role of home language and school supports [J]. *The Journal of Educational Research* 109: 122-136.

Pearson, P. D., E. H. Hiebert & M. L. Kamil. 2007. Vocabulary assessment: What we know and what we need to learn [J]. *Reading Research Quarterly* 42: 282-296.

Ryan, R. M., V. Mims & R. Koestner. 1983. Relation of reward contingency and interpersonal context to intrinsic motivation: a review and test using cognitive evaluation theory [J]. *Journal of Personality and Social Psychology* 45: 736-50.

Shapiro, L. R. & J. Solity. 2008. Delivering phonological and phonics training within whole class teaching [J]. *British Journal of Educational Psychology* 78: 597-620.

Solity, J. & J. Vousden. 2009. Real books vs reading schemes: A new perspective from instructional psychology [J]. *Educational Psychology* 29: 469-511.

Suggate, S. 2016. A meta-analysis of the long-term effects of phonemic awareness, phonics, fluency, and reading comprehension interventions [J]. *Journal of Learning Disabilities* 49: 77-96.

Uchikoshi, Y. 2013. Predictors of English reading comprehension: Cantonese-speaking English language learners in the U.S. [J]. *Reading and Writing* 26: 913-939.

Uchikoshi, Y., L. Yang & S. Liu. 2018. Role of narrative skills on reading comprehension: Spanish-English and Cantonese-English dual language learner [J]. *Reading and Writing* 31: 381-404.

Uchiyama, T. 2011. Reading versus telling of stories in the development of English vocabulary and comprehension in young second language learners [J]. *Reading Improvement* 48: 168-178.

Verhoeven, L. & J. van Leeuwe. 2012. The simple view of second language reading throughout the primary grades [J]. *Reading and Writing* 25: 1805-1818.

Wang, M., C. A. Perfetti & Y. Liu. 2005. Chinese-English biliteracy acquisition: Cross-language and writing system transfer [J]. *Cognition* 97: 67-88.

Wigfield, A. & J. S. Eccles. 2000. Expectancy-value theory of achievement motivation [J]. *Contemporary Educational Psychology* 25: 68-81.

Willingham, D. 2017. *The Reading Mind: A Cognitive Approach to How the Mind Reads* [M]. San Francisco, CA: Jossey-Bass.

陈亚平、陈馨，2019，显、隐性学能对二语习得的作用 [J]，《外语教学与研究》（5）：723-734。

冯竹青、葛岩，2014，物质奖励对内在动机的侵蚀效应 [J]，《心理科学进展》（4）：685-692。

李燕芳、郑渝萍、董奇，2010，小学生英语学习动机发展及教师教育行为对其的影响 [J]，《中国特殊教育》（2）：74-79。

刘霞、陶沙，2007，汉语儿童英语口语词汇与阅读学习的关系 [J]，《心理学报》（1）：118-128。

彭鹏、陶沙，2009，单词解码、英语语言理解和一般认知能力在汉语儿童英语阅读学习中的作用 [J]，《外语教学与研究》（1）：30-37。

万晴、赖福聪，2016，小学生英语学习动机年级差异研究 [J]，《基础外语教育》（3）：9-14。

王蔷、敖娜仁图雅，2017，中小学英语绘本教学的途径与方法 [J]，《课程·教材·教法》（4）：68-73。

韦晓宝，2019，英语语音加工技能、单词解码及一般认知能力在汉语儿童英语读写能力发展中的作用 [J]，《外语教学》（5）：61-65。

通信地址： 100089　北京市海淀区西三环北路2号北京外国语大学英语学院

作者简介： 陈亚平，北京外国语大学英语学院教授，中国儿童语言研究中心主任，研究方向为二语习得、心理语言学。

Email: ypchen@bfsu.edu.cn

提取练习作为形成性评估工具
在初中英语课堂上的应用效果

北京林业大学　张　涛　曹荣平

提要： 提取练习效应的研究显示，积极的信息提取环节有利于信息的长期记忆。而且，以促学为目的的提取练习可以作为课堂形成性评估的工具，帮助缓解学生的考试焦虑。也有学者指出，不同形式的提取练习会导致不同的记忆效果。本研究以国内三个初中英语班级为受试，比较不同形式的提取练习效应，研究发现：1）在判断对错方面，两个进行提取练习的班级成绩明显优于没有进行提取练习的班级，但两个实验班之间没有显著性差异；2）在新单词用法的记忆方面，两个实验班都比对照班要好，且课堂上及时进行自由回忆的班级单词用法正确率明显优于进行选择题练习的班级。

关键词： 提取练习；自由回忆；多项选择题；形成性评估；单词用法

1. 引言

自20世纪90年代以来，与终结性评估相对立的形成性评估不断被证明在促学方面有巨大潜力（Black & William 1998；Gibbs 2009）。随着教育理念包容性的发展，有学者指出终结性评估和形成性评估并不是相互排斥，合理的评估方式应该将两者结合（Brookhart 2007；Andrade 2010；曹荣平 2012）。如果从评估功能而言，所有的评估都有反蚀效果，都应该是形成性的，传统的测试对学习的形成性作用不应该被忽视（曹荣平 2012）。

当前，在心理学和教育学领域，提取练习通常与测试（传统的终结性评估）密切关联（Karpicke & Roediger 2008；Karpicke 2017；Bae *et al.* 2018；李永芬等 2016），但是随着形成性评估研究的深入，学者们认识到提取练习作为一种测试手段同时也会给后面的测试甚至学习带来反馈和影响，有促学作用（张锦坤、杨丽娴 2011；罗良、张玮 2012），也存在产生负面情绪的风险（曹荣平 2012；周爱保等 2017），值得进一步深入课堂开展更多的实证研究。

2. 文献回顾

提取练习效应一般分为直接效应和间接效应（Karpicke 2017）。直接效应指单纯的提取练习本身作为一种测试对其后的测试或学习产生的影响，也叫作"测试效应"（testing effect）（Mark *et al.* 2007；Karpicke & Roediger 2008；Bae *et al.* 2018；李永芬等 2016）。间接效应考虑到了测试/提取练习前后两个时间段都有后效（backwash），一是学生会因为预知需要完成提取练习的任务安排所以学习会更努力或者感觉焦虑，二是附带反馈的提取练习可能会促使学生改变后期学习或测试的过程和效果（罗良、张玮 2012；Karpicke 2017）。

提取练习的形式有很多种，例如自由回忆、线索回忆、关键词记忆等，有时也将基于学习过程、有一定难度的选择题训练视为提取练习的一种，但不同形式的提取练习有不同的后效。现有文献中的实证研究主要关注直接效应。Bae *et al.*（2018）以一篇托福文章为内容，比较了自由回忆、选择题、测试生成（test generation）和关键词四种常见提取练习形式在大学生群体中的测试效果，并且比较了这四种形式的练习与自由回忆组合的效果，结果显示在单次提取练习中，选择题促进记忆的效果最好，但在组合的提取练习中，两次自由回忆促进记忆的效果最好。这项研究虽然只讨论了提取练习的直接效应，即测试效应，但其研究结果对基于提取练习的学习策略的选择有指导作用，也足以提醒我们思考测试对学习的意义和价值（张锦坤、杨丽娴 2011）。

不同形式的提取练习在不同阶段的学生群体中的效果也不同。在实验环境下，很多以大学生群体为受试的实验证明，相对于其他形式的提取练习，自由回忆效果最好（Carpenter & DeLosh 2006；Karpicke & Blunt 2011；Lechuga *et al.* 2015）。Karpicke *et al.*（2014）比较了适用于大学生的自由回忆与概念图在小学生中的记忆效果，结果显示虽然在大学生群体中自由回忆记忆效果最好，但在小学生群体中，记忆效果最好的是概念图，研究者在随后的调查中发现，原来概念图形式更加能够吸引小学生的兴趣。为了进一步验证这个结论，研究者采用了类似于概念图的问题图形式来进行考察，结果显示采用问题图作为前测的方式要比概念图的形式更加能够促进小学生对知识的记忆。

选择题练习长期以来被认为是认知式学习，但有研究者表示有提取难度的选择题也可以视为提取练习的一种形式（Kang *et al.* 2007；Little *et al.* 2012）。Kang *et al.*（2007）的实验表明选择题形式的提取练习能帮助提高第一次提取练习的成功率。该研究显示前测选择题的正确率是86%，而简答题的正确率只有54%，这说明选择题形式比简答题更容易帮助学生回忆起知识。甚至有研究表明带有反馈的选择题练习比简答题形式的练习有更好的促学效果，并且可以帮助学生复习相关联的知识点（Little *et al.* 2012）。

　　关于选择题练习主要存在两个方面的问题：一个是如何降低错误选项对正确选项记忆的干扰，另一个是如何提高选择题练习的提取难度（Karpicke 2017）。由于正确选项混淆在错误选项中，单纯的选择题训练的促学效果就必须取决于第一次选择题练习的正确率，如果学生们第一次提取练习的正确率低时，其效果甚至不如重复学习的促学效果（Marsh *et al.* 2009）。为了降低这一消极影响，一般是将选择题练习与答案反馈相结合（Butler *et al.* 2007；Butler *et al.* 2008）。为了增加选择题练习的提取难度，有研究者利用增加选择题选项的方法（Roediger & Marsh 2005）。

　　自由回忆是指在学习完一部分知识之后，在一张白纸上尽可能地回忆刚刚学过的内容，并且记录下来。很多学者将自由回忆与常见的认知式练习进行对比。例如，Karpicke & Blunt（2011）对比了构建概念图和自由回忆对文章内容理解的效果，结果显示进行自由回忆的学生在后测中效果更好。自由回忆优于概念图的发现也出现在Lechuga *et al.*（2015）的实验中。Carpenter & DeLosh（2006）对比了自由回忆、线索回忆和判断题三种学习方法的巩固情况，结果显示，经过自由回忆的学生无论在自由回忆、线索回忆还是判断题形式的后测中都表现最好。因为自由回忆是尽可能地利用内部线索进行的提取，避免了对外部线索的依赖，所以当提取成功后，其帮助记忆的效果更好，自由回忆最大的优势在于有利于信息的长期记忆（Karpicke *et al.* 2014）。

　　关于提取练习的间接效应极少有基于实验数据的文献讨论，但有学者们通过调查研究认为附带反馈的提取练习并不是简单的信息再现，"基于提取练习的学习"不仅能够通过反馈（包括教师或学友反馈，以及学习者的反思式评价）梳理和重构信息脉络，还有利于学习者对信息的长期记忆（Roediger & Pyc 2012；Karpicke 2017），学习者根据反馈修正错误，低风险提取练习（low- or no-stakes）还有助于缓解学生的焦虑，提高学习效率（Agarwal *et al.* 2014）。

　　当然，也有学者关注到提取练习的局限。周爱保等（2017）特别指出提取产生的消极影响，比如提取诱发遗忘以及导致产生负面情绪的情况。提取促进了对测试过项目的记忆保持，后测内容与提取练习相关的情况下会产生正面效应，但对相关项目的提取抑制了对未提取项目的回忆。也有研究表明，在真实的课堂，当提取练习和后测题内容不一样，但仍然具有关联性时，提取练习的积极效应并不明显（Wooldridge *et al.* 2014；McDaniel *et al.* 2012）。测试常常伴随着压力和焦虑（Horwitz 2001；李琳、马蓉 2019），提取练习作为一种测试形式也会给学生带来压力和焦虑等情绪（周爱保等 2017）。

国内现有文献缺乏实证研究，尤其是关于提取练习的间接效应，更是鲜有涉及。CSSCI数据库里有少量心理学领域关于测试效应的综述类文献（罗良、张玮 2012），现有外语教育类文献中只有一篇以"斯瓦希里语（Swahili）—汉语"配对词为实验材料，考察不同实验条件测试对大学生第二外语词汇习得的作用，研究者强调测试过程中没有反馈，局限在直接的测试效应的研究（李永芬等 2016：199）。

综上所述，提取练习这一传统测试模式在当前形成性评估的话语权日渐显现的背景下，有着重要的现实意义，多数学者对提取练习在教学中的应用表示肯定，但也有学者对其效应持有不同的见解。关于提取练习的间接效应尤其缺乏实证研究。本研究尝试探究提取练习作为形成性评估工具在国内初中英语课堂上的应用，着重探究其间接效应，目的是验证具有反馈的提取练习带来的促学作用。

3. 研究方法

为了探究在真实课堂上的提取练习效应，特别是选择题和自由回忆在初中课堂上的促学效果，本研究采取了前测和后测的方式收集数据对比实验前后的差异，之后进行了问卷调查和访谈，目的在于深入了解师生的态度，形成数据的交叉印证。

3.1　研究问题

本研究旨在尝试回答以下具体问题：

1）提取练习在初中课堂上运用有没有促学效果？

2）选择题和自由回忆在初中课堂上的运用效果有无显著性不同？与传统课堂相比有没有显著差异？

3）选择题和自由回忆这两种提取练习策略对不同形式的后测各有何效应？

3.2　研究对象与工具

石家庄地区某初中三个自然班的初三学生，共174人，参加了课堂学习（实验前两个实验班签署了知情同意书）。这些学生平时由同一名英语教师授课。本次研究采用单因素方差分析以检验三个班级的学生成绩在项目开始前的英语成绩是否存在显著性差异。数据表明，该三个班的学生在实验前的全校统一的月考成绩未存在显著性差异，$F（2，171）= 0.134$，$p = 0.874 > 0.05$，整体水平相当。

由于期末考试时间与本次实验间隔不到一个月，后期因为有部分学生怕分散期末考试的注意力不愿意参加标准测试（为防止学生课下刻意去复习文章，研究团队在前期并没有通知会进行标准测试），因此在标准测试中排除了没有意愿参加实验的学生，每班保留19名学生，三个班共57名学生全程参加了本次实验（三个班的学生志愿者在实验前的上一学期期末成绩显示整体水平无显著性差异）。

随后的问卷调查对象是两个实验班的38名学生，访谈对象包括本次实施教学的任课教师和10名参加实验教学的学生。

本研究采用了SPSS22分析了问卷的信度和效度，以及前后测试成绩之间的差异性。

3.3 材料与过程

本次实验为了与实际课堂学习要求相结合，选取的文章为初三课本的最后一篇文章和一篇外文科普文章（平时老师领读的阅读文章），以两篇文章中的新单词的词义及其常见搭配为考察内容，比较课堂上进行附带反馈的提取练习的班级与没有进行提取练习的班级在7天后的标准测试中的差异。两篇文章学生之前都没有学过，教师在课上讲解课文的过程中，以文章中的固定搭配和习惯用法作为重点讲解内容。首先，教师将本节课的课堂学习目标分享给学生，如表1所示。

表 1. 课堂模式

一班（自由回忆）	了解文章内容；通过阅读课文，重点学习PPT中标注的单词和提到的这些单词的常见搭配；利用自由回忆进行课堂学习效果自我评价（2分钟）；教师加学友反馈（2分钟）
二班（多项选择题）	通过阅读课文，重点学习PPT中标注的单词和提到的这些单词的常见搭配；利用多项选择进行课堂学习效果自我评价（2分钟）；教师反馈（2分钟）
三班（传统课堂）	保持传统授课模式，通过阅读课文，重点学习PPT中标注的单词和提到的这些单词的常见搭配。传统授课模式不包含提取练习环节。

然后，开始讲解文章，每讲完一段文章，一班的学生进行2分钟的自由回忆，二班的同学相对应地进行选择题训练，为增加提取难度，选项为6个，并且有两个词义或者搭配相近的正确答案。一班和二班每节课最后两分钟进行教师或学友反馈。三班作为对照组，按传统模式授课，并且留出大体相同的时间让学生自主学习看文章。两篇文章在每个班分两节课讲解完毕，每节课40分钟，两节课在相邻的两天内。7天以后，每个班各有19名志愿者进行了标准测

试，测试的形式是判断题和填空题，两部分考察的内容是课上讲到的重点新单词及其出现的常见搭配。

4. 结果与讨论

本研究采用单因素方差分析以检验一班（采用自由回忆）、二班（选择题）和三班（无提取练习）的学生在认知理解课堂知识和单词记忆两个方面是否存在显著差异性。结果表明，7天后三个班的标准测试成绩对比在判断单词用法使用对错方面，三个班级的学生在0.05的显著性水平上都存在着显著性差异，$F(2，54) = 12.43$，$p = 0.00 < 0.05$，并且使用Scheffe法进行事后检验还发现，采用自由回忆方式的一班（M=14.11，SD=2.378）与采用选择题形式的二班（M=14.47，SD=2.091）之间差异性不大，但两个班级与无提取练习的三班（M=11.00，SD=2.582）之间的差异性较为显著，并且一班和二班成绩都比三班的成绩要好。以上结果说明，自由回忆和选择题都有利于学生在认知上理解并掌握课堂知识点，但在判断单词用法使用对错的后测里，这两种提取策略之间没有形成明显不同的效应。

三个班的标准测试成绩在考察记忆的单词填空题的对比结果显示，三个班级的学生同样存在着显著性差异$F(2，54)=28.239$，$p = 0.00 < 0.05$，并且Scheffe事后检验还显示，采用自由回忆方式的一班（M=17.42，SD=4.273）、采用选择题形式的二班（M=13.47，SD=3.080）和没有提取练习的三班（M=8.32，SD=7.787）三个班级整体之间都具有差异性，一班成绩最好，二班成绩次之，两实验班级成绩都比传统班的成绩要好。这展示了附带反馈的提取练习在帮助单词用法记忆方面的优势。

以上结果说明：1）在促进学生对知识点的认知方面，提取练习的效果要优于重复记忆，并且自由回忆和选择题练习两种提取练习方式的效果之间没有显著性差异；2）而在帮助学生记忆新单词用法方面，提取练习有显著性效果，但自由回忆的形式要优于选择题练习的形式。本实验证明，提取练习在国内初中英语的真实课堂中存在显著的积极效应。

随后的学生问卷和师生访谈数据显示，参与教师和学生在项目实施前没有将提取练习和课堂学习任务相结合的意识和经验，自由回忆是一个全新的概念，选择填空虽然在传统教学中是常用的测试题型，却并没有将其用于课堂教学活动。相对于自由回忆策略，选择题在课堂上更好实施，学生方面没有阻力，但教师方面如果是自主设计练习项目，会增加教学工作量。关于自由回忆，有学生提到，在一开始练习有些不适应不习惯，时间比较仓促，做不完。虽然在后测中，进行自由回忆的班级整体效果在三个班级中最好，但在课堂上，同学们普遍反映由于时间局限性，回忆成功的难度比较大，回忆的内容有限。以下为摘取的四位同学访谈反馈，反映了关于自由回忆的学生态度的各个侧面：

> 1. 老师在上课时采用了以前没有用过的方式，让我们在课堂上回忆了所学的知识，我感觉这种学习方法效果很好，以后也会采用自由回忆的方法来进行巩固刚刚学到的知识。
>
> 2. 课上进行自由回忆效果很好，但是回忆时很困难，刚刚讲过的知识点自己大脑中却一片空白，在知识点重新展示后（提取练习的反馈环节），感觉豁然开朗。
>
> 3. 老师提问后答案能写上，虽然能回忆起来大部分，但有些细节还是容易忘记，这种方法有利于我们准确地掌握知识，以后我也会采用。
>
> 4. 有些需要回忆一下才能够想起来，虽然暂时可能想不起来，但过一段时间能想起来，回忆的过程很困难。

由此可以看出，学生们一定程度上认可自由回忆，但回忆困难是自由回忆在课堂上最大的阻碍。虽然在2分钟的自由回忆后，会当堂进行知识点反馈，但对那些没有回忆成功的学生来说，也降低了回忆难度，不利于知识的长期记忆。

通过训练，项目后期的问卷调查数据显示，实验班的学生总体上认为提取练习有利于学习（M=3.54，SD=1.12），通过自由回忆加深了理解并有利于重构知识（M=4.26，SD=0.74）。

5. 结语

本文探究在自然班级中自由回忆和选择题练习相比较于无提取练习的传统课堂学习是否有积极的提取练习效应。数据结果表明，在本次实验中，课堂上进行提取练习的班级在后测中要比没有进行提取练习的班级表现要好，这说明，即使在真实的课堂中，仍然存在积极的提取练习效应。在初中课堂上很少用到的自由回忆虽然存在回忆困难的问题，但如何更好地发挥自由回忆的优势仍然需要在实际课堂中长时间探索，但这次实验表明自由回忆比选择题形式更加有利于课上知识的巩固。提取练习作为形成性评估的工具，在课堂上合理地运用，一方面可以提高学习效率和改善学习效果，另一方面，可以帮助学生了解自己的知识吸收情况。该项目研究结果支持将提取练习，特别是自由回忆运用到初中教学中。

参考文献

Agarwal, P. K., L. D'Antonio, H. L. Roediger, K. B. McDermott & M. A. McDaniel. 2014. Classroom-based programs of retrieval practice reduce middle school and high school students' test anxiety [J]. *Journal of Applied Research in Memory and Cognition* 3: 131-139.

Andrade, H. L. 2010. Students as the definitive source of formative assessment: Academic self-assessment and the self-regulation of learning [A]. In H. L. Andrade & G. J. Cizek (eds). *Handbook of Formative Assessment* [C]. New York: Routledge. 90-105.

Atkin, J. M., P. Black & J. Coffey (eds.). 2001. *Classroom Assessment and the National Science Education Standards* [M]. Washington: National Academy Press.

Bae, C. L., D. J. Therriault & J. L. Redifer. 2019. Investigating the testing effect: Retrieval as a characteristic of effective study strategies [J]. *Learning and Instruction* 60: 206-214.

Black, P & D. William. 1998. Inside the Black Box: Raising standards through classroom assessment [J]. *Phi Delta Kappan* 80: 139-148.

Brookhart, S. M. 2007. Expanding views about formative classroom assessment: A review of the literature [A]. In J. H. McMillan (ed.). *Formative Classroom Assessment: Theory into Practice* [C]. New York: Teachers College Press. 43-62.

Butler, A. C, J. D. Karpicke & H. L. Roediger. 2007. The effect of type and timing of feedback on learning from multiple-choice tests [J]. *Journal of Experimental Psychology: Applied* 13: 273-281.

Butler, A. C, J. D. Karpicke & H. L. Roediger. 2008. Correcting a metacognitive error: Feedback increases retention of low-confidence correct responses [J]. *Journal of Experimental Psychology: Learning, Memory, and Cognition* 34: 918-928.

Butler, A. C. & H. L. Roediger. 2007. Testing improves long-term retention in a simulated classroom setting [J]. *European Journal of Cognitive Psychology* 19: 514-527.

Carpenter, S. K. & E. L. DeLosh. 2006. Impoverished cue support enhances subsequent retention: Support for the elaborative retrieval explanation of the testing effect [J]. *Memory & Cognition* 34: 268-276.

Gibbs, G. & H. Dunbar-Goddet. 2009. Characterizing program-level assessment environments that support learning [J]. *Assessment & Evaluation in Higher Education* 34: 481-489.

Horwitz, E. K. 2001. Language anxiety and achievement [J]. *Annual Review of Applied Linguistics* 21: 112-126.

Kang, S. H., K., K. B. McDermott & H. L. Roediger. 2007. Test format and corrective feedback modify the effect of testing on long-term retention [J]. *European Journal of Cognitive Psychology* 19: 528-588.

Karpicke, J. D. 2017. Retrieval-based learning: A decade of progress [J]. *Learning and Memory: A Comprehensive Reference* 10: 487-594.

Karpicke, J. D. & J. R. Blunt. 2011. Retrieval practice produces more learning than elaborative studying with concept mapping [J]. *Science* 331: 772-775.

Karpicke, J. D., J. R. Blunt, M. A. Smith & S. S. Karpicke. 2014. Retrieval-based learning: The need for guided retrieval in elementary school children [J]. *Journal of Applied Research in Memory and Cognition* 3: 198-206.

Karpicke, J. D., M. Lehman & W. R. Aue. 2014. Retrieval-based learning: An episodic context account [J]. *Physical Learning and Motivation* 61: 237-284.

Karpicke, J. D. & H. L. Roediger. 2008. The critical importance of retrieval for learning [J]. *Science* 319: 966-968.

Lechuga, M. T., J. M. Ortega-Tudela & J. C. Gomez-Ariza. 2015. Further evidence that concept mapping is not better than repeated retrieval as a tool for learning from texts [J]. *Learning and Instruction* 40: 61-68.

Little, J. L., E. L. Bjork, R. A. Bjork & G. Angello. 2012. Multiple choice tests exonerated, at least of some charges: Fostering test-induced learning and avoiding test-induced forgetting [J]. *Psychology Science* 23: 1337-1344.

Marsh, E. J., P. K. Agarwal & H. L. Roediger. 2009. Memorial consequences of answering SAT II questions [J]. *Journal of Experimental Psychology, Applied* 15: 1-11.

Mark, A. M., L. A. Janis, H. D. Mary & M. Nova. 2007. Testing the testing effect in the classroom [J]. *European Journal of Cognitive Psychology* 19: 494-513.

McDaniel, M. A., K. M. Wildman & J. L. Anderson. 2012. Using quizzes to enhance summative-assessment performance in a web-based class: An experimental study [J]. *Journal of Applied Research in Memory and Cognition* 1: 18-26.

Roediger, H. L. & E. J. Marsh. 2005. The positive and negative consequences of multiple-choice testing [J]. *Journal of Experimental Psychology: Learning, Memory, and Cognition* 31: 1155-1159.

Roediger, H. L. & M. A. Pyc. 2012. Inexpensive techniques to improve education: Applying cognitive psychology to enhance educational practice [J]. *Journal of Applied Research in Memory and Cognition* 1: 242-248.

Sadler, D. R. 1989. Formative assessment and the design of instructional systems [J]. *Instructional Science* 18: 119-144.

Wooldridge, C. L., J. M. Bugg, M. A. McDaniel & Y. Liu. 2014. The testing effect with authentic educational materials: A cautionary note [J]. *Journal of Applied Research in Memory and Cognition* 3: 214-221.

曹婷，2017，基于句酷批改网的大学英语写作教学形成性评估体系建构 [J]，《现代教育技术》（2）：172-175。

曹荣平，2012，形成性评估的概念重构 [M]。北京：北京大学出版社，

曹荣平、陈亚平，2013，形成性评估及其在口译教学中的应用探析 [J]，《中国翻译》（1）：45-50。

蔡基刚，2011，中国大学生英语写作在线同伴反馈和教师反馈对比研究 [J]，《外语界》（2）：65-72。

韩宝成，2009，动态评价理论、模式及其在外语教育中的应用 [J]，《外语教学与研究》（6）：452-458。

李琳、马蓉，2019，考试焦虑对英语听力理解影响的结构方程模型研究 [J]，《第二语言学习研究》（第九辑）：26-38。

李永芬、唐丹丹、曹碧华、梁秀玲、李红，2016，大学生第二外语词汇学习中的测试效应 [J]，《心理发展与教育》（2）：198-204。

罗良、张玮，2012，利用测试促进学习：记忆心理学的研究进展与教育启示 [J]，《北京师

范大学学报》（社会科学版）（1）：43-50。

王华，2011，写作档案袋评价过程中不同评价主体的探索研究 [J]，《外语界》（2）：90-96。

张锦坤、杨丽娴，2011，测试效应：致力于有效学习的一项基础研究 [J]，《心理科学》（5）：1101-1105。

周爱保、杨小娥、马小凤、王科、夏瑞雪，2017，学习方式的变革：提取促进学习 [J]，《心理科学》（4）：913-919。

通信地址： 100083　北京市海淀区清华东路35号北京林业大学外语学院

作者简介： 张涛，硕士研究生，研究方向为二语习得。

　　　　　　Email：zhangtao88651159@qq.com

　　　　　　曹荣平（通信作者），北京林业大学英语系教授，北京外国语大学英语学院中国儿童语言研究中心研究员。研究方向为二语习得、翻译教学与研究、外语教学与评测。

　　　　　　Email：caorongping@bjfu.edu.cn

大学生二语阅读记忆困难
及其对策研究 *

上海理工大学　倪锦诚　周书宁　何欣宇

提要： 阅读记忆是将阅读中所获取信息记忆在大脑里的认知行为。本文通过问卷调查考察大学生的英语阅读记忆困难及其影响因素和对策，通过量表调查探究学习者对相关英语阅读记忆策略的使用度，并基于此提出了提高学习者英语阅读能力的策略。研究发现：大学生英语阅读记忆主要存在词汇量不足、信息易遗忘等困难；影响阅读记忆效果的因素主要包括词汇量、阅读材料难易度、语言能力和阅读专注度；应对阅读记忆问题的策略包括交互记忆阅读策略、复述策略和扩大英语词汇量。本研究进而提出，提高大学生二语阅读能力的策略包括加强自下而上、自上而下和交互记忆阅读记忆策略运用、进行大量二语阅读实践和加强二语知识学习。

关键词： 二语阅读；记忆困难；问卷调查；对策

1. 引言

学校教育离不开阅读，甚至要以阅读为中心（曾祥芹、韩雪屏 1992）。阅读不仅是人们获取信息和知识的重要渠道，而且也是人们学习语言的主要方式。英语阅读是英语学习和教学的重要目标，也是英语能力发展的重要途径。英语阅读能有效推进包括听说能力在内的英语综合技能发展，提高学习者文化背景知识，促进英语学习者自主学习能力的发展（付正玲、袁昌万 2016：225）。

Fernández & Cairns（2011）认为，读懂一种语言就需读懂它的词汇和语法。缺乏词汇、语法等语言知识会让学习者难以完成阅读理解任务，语言水平

---
* 本文为国家社会科学基金项目"英语阅读记忆系统的交互性研究"（项目编号：15BYY101）的部分研究成果。

较低者理解阅读文本的技能也会因此受到限制（Clarke & Silberstrin 1977）。学习者可以运用构词法、语境、语义关系、句法关系等手段来提高其词汇量和词汇运用能力。在语言学习早期阶段，自下而上阅读加工有利于词汇、短语和语法知识的学习和积累。不过，语言并不只是词汇和语法的简单组合，它还在各个层次上体现着使用该语言的民族文化（蔡红玉 2005）。文化背景知识在阅读理解的自上而下加工中起到很大作用。例如，一些看似简单却无法从字面上理解的语言"疙瘩"，需要依靠文化背景知识来解开，因为其意义是在特定文化背景中获得的（林挺 1996）。因此，学习者在语言学习中应该转变思维方式，从不同角度看问题，积极学习相关文化背景知识，并在各种文学作品阅读中了解并体会异域民族的心理、文化、风俗等方面的知识（蔡红玉 2005）。对英语学习者来说，阅读既是学习的目标，也是学习的手段。

阅读是大脑最复杂、最重要的认知活动之一（Fiske *et al.* 2016）。二语学习的主要目标之一是提高学习者进行流利阅读和理解目标语文本的能力（Tajeddin & Tabatabaei 2016：194）。阅读包括解码能力（指识别书面单词的能力）和语言理解能力（指理解口头语言的心理过程），两种能力对阅读能力发展都很重要，任何一项能力发展滞后或出现障碍都可能导致阅读困难（彭鹏、陶沙 2009：30）。例如，有人因为字词识别能力不足而存在阅读困难，也有人因口头语言理解能力不足而出现阅读困难等。可以说，英语阅读能力的培养是各个层面英语教和学的主要任务，怎样帮助学习者取得高效的阅读理解效果，也一直是国内外专家学者热衷研究的课题。

阅读记忆是衡量学习者阅读能力的重要指标。学习策略则是外语学习的重要预测变量，对外语成绩有正向的预测作用（李文、张军 2018：39）。阅读记忆是一个双向过程（Randall 2007：14）。阅读心理学认为，当读者进行阅读活动时，"自下而上"和"自上而下"两个方向的阅读认知会同时进行，但是它们对于阅读信息的处理顺序恰好相反。"自下而上"阅读认知强调将语言中的较小单位（如字母、音节、单词等）整合成较大单位（如句子、深层意义等）（Treiman 2001），而"自上而下"阅读认知则强调对阅读文本进行整体意义的把握和根据已知信息预测阅读文本信息的过程（Smith 2004）。

目前，高校不少英语学习者的阅读记忆能力并非令人十分满意，他们在英语阅读记忆中存在的问题多种多样，英语阅读过程中因存在诸如词汇量不足、语法知识欠缺、文化背景知识缺乏等问题而出现英语材料读不懂、读了记不住等问题，其英语阅读能力不容乐观。因此，有必要对学习者的英语阅读记忆困难及其影响因素和应对策略等问题做进一步的调查和研究，识别学习者的具体阅读困难症结，并找到应对策略，以有效提高他们的英语阅读能力。

2. 研究设计

2.1　研究内容和对象

本研究采用问卷调查方法考察英语学习者阅读记忆、阅读记忆困难及其影响因素和应对策略等问题。调查对象为高校英语教师和英语学习者。受试共有107人，其中，41位大学英语教师接受了问题调查，66名大学生接受了量表调查。

2.2　调查方法和实施

2.2.1　问题调查

研究者调查了41位大学英语教师，调查内容涵盖阅读记忆内涵理解、学生阅读英语时可能遇到的记忆困难、影响学习者英语阅读记忆效果因素和提高学习者英语阅读记忆效果策略等4个问题。问题调查前确保受试理解相关内容，调查后对相关数据进行归纳、总结和分析。

2.2.2　量表调查

量表调查涉及66名大学生对有关阅读记忆策略方面各项陈述（具体内容见表5）的同意度选择。同意度使用Likert 5级量表进行衡量，量值1—5分别表示"不同意""基本不同意""不确定""基本同意""同意"等五个由低到高相邻项同意度差值相等的等级。受试被要求完成对各项陈述的同意度选择，之后研究者根据受试对各项陈述的同意度选择结果进行均值、标准差、Z检验等统计和分析。

3. 数据收集、统计和分析

3.1　问题调查数据

对41位大学英语教师的问题调查结果如表1—4所示。表1显示：分别有36.59%、12.20%、9.76%、9.76%和7.32%的教师认为阅读记忆是"对阅读内容的记忆""重复阅读和理解所获得的记忆""阅读时储存于大脑的记忆""阅读时记忆词汇、语法等语言知识"和"阅读时所唤起的在大脑中的相关记忆"；各有4.88%的受试认为阅读记忆是"阅读领会大意后对文本的大致印象""通过联想、联系语境进行的信息记忆"和"对阅读信息进行的加工与记忆"；另外，各有2.44%的受试认为阅读记忆是"阅读后对阅读内容的短时记忆""阅读时记住所读材料主要信息的阅读方法""阅读后进行意义整合而留在大脑中的记忆""通过阅读转化为图像和声音的记忆"。

表1. 阅读记忆内涵调查结果

阅读记忆内涵（n）	百分比（%）
对阅读内容的记忆（15）	36.59
重复阅读和理解所获得的记忆（5）	12.20
阅读时储存于大脑的记忆（4）	9.76
阅读时记忆词汇、语法等语言知识（4）	9.76
阅读时所唤起的在大脑中的相关记忆（3）	7.32
阅读领会大意后对文本的大致印象（2）	4.88
通过联想、联系语境进行的信息记忆（2）	4.88
对阅读信息进行的加工与记忆（2）	4.88
阅读后对阅读内容的短时记忆（1）	2.44
阅读时记住所读材料主要信息的阅读方法（1）	2.44
阅读后进行意义整合而留在大脑中的记忆（1）	2.44
通过阅读转化为图像和声音的记忆（1）	2.44

注：受试共41人，n为有此看法的人数。

关于学习者阅读英语时可能遇到的记忆困难（见表2），58.54%的教师认为是词汇量小造成阅读障碍；各有17.07%的教师认为是对阅读材料理解不透彻（如理解障碍，对长句、语义、篇章等理解不到位，不理解作者意图和主旨大意等）和阅读材料中句法结构太复杂，影响了阅读理解；各有9.77%的教师认为是"上下文的短时记忆困难，阅读材料信息内容连贯性断裂""阅读细节性信息无印象，细节信息丢失"和"缺乏语法知识而影响阅读理解"；7.32%的教师认为是"缺乏阅读材料背景知识了解"等。关于造成学习者阅读记忆困难的原因，接受调查的教师认为：首先，文本阅读理解程度影响记忆效果；其次，阅读信息把握程度也对阅读记忆效果具有重要影响力（如信息多杂时会相互干扰、逻辑关系需要理清等）；再次，文化背景知识对阅读记忆水平也具有较大影响；另外，学习者还存在阅读主动性缺失等问题。

表 2. 阅读英语时可能遇到记忆困难调查结果

类别（N）	具体记忆困难（n）		百分比（%）
与阅读主体相关困难（40）	词汇量小，阅读有障碍（24）		58.54
	阅读材料理解不透彻（7）		17.07
	缺乏文化背景知识了解（3）		7.32
	对阅读主题兴趣不浓，无主动阅读意识（2）		4.88
	语感差，影响记忆（2）		4.88
	注意力放在单词辨识上，边读边忘，没把输出作为输入目的（1）		2.44
	缺乏阅读方法和策略（1）		2.44
与阅读客体相关困难（26）	阅读信息方面困难（14）	上下文的短时记忆，材料信息内容连贯性断裂（4）	9.77
		细节性信息无印象，易丢失（4）	9.77
		难以建立重点信息间的逻辑关联，难以形成整体记忆（3）	7.32
		阅读信息量大时，难以鉴别重点信息（2）	4.88
		阅读信息间相互干扰（1）	2.44
	句法结构复杂，影响阅读理解（7）		17.07
	语法知识缺乏，影响阅读理解（4）		9.77
	阅读材料太抽象，影响阅读理解（1）		2.44

注：受试共41人，N为有此看法的人次，n为有此看法的人数。

关于影响学习者英语阅读记忆效果的因素，调查发现（见表3）：26.82%的教师认为是"词汇量"，23.81%的人认为是"阅读材料难易度"，21.95%的人认为是"学习者的语言能力"，各占17.07%的人认为是"阅读专注度""文本语境、作者意图等方面理解度"和"阅读习惯、方法和技巧"，9.75%的教师认为是"文化背景知识掌握水平"，各占7.32%的人认为是"记忆力、记忆习惯和短时记忆能力差异""记忆时间长短""认知能力高低""阅读内容熟悉度"等。

表 3. 影响学习者英语阅读记忆效果因素调查结果

类别（N）	因素（n）	百分比（%）
阅读主体因素（55）	词汇量大小（11）	26.82
	学习者语言能力（9）	21.95
	学习者阅读专注度（7）	17.07
	对文本语境、作者意图等方面理解度（7）	17.07
	阅读习惯、方法和技巧（7）	17.07
	文化背景知识掌握水平（4）	9.75
	记忆力、记忆习惯和短时记忆能力差异（3）	7.32
	记忆时间长短（3）	7.32
	认知能力高低（3）	7.32
	阅读内容熟悉度（3）	7.32
	意义框架建构、信息整体把握能力等因素（2）	4.88
阅读客体因素（5）	阅读材料难易度（5）	23.81
	阅读材料逻辑性（2）	4.88
	阅读材料篇幅长短（1）	2.43

注：N为有此看法的人次，n为有此看法的人数。

表4显示，教师提出的提高英语阅读记忆效果的策略包括交互记忆阅读策略、复述策略、扩大词汇量、反复记忆、整理、概括和总结要点、增大阅读量、拓宽文化背景知识、加深对读物内容的理解、联想记忆等。其中，约有21.95%的人赞成采用"交互记忆阅读策略"，19.51%的人建议采用"复述策略"，14.63%的人提议采用"扩大词汇量"办法，各有9.76%的人建议采用"反复记忆"策略和"整理、概括和总结要点"策略，各有7.32%的人建议采用"增大阅读量"和"拓宽文化背景知识"策略。另外，各有4.88%的人提出"逻辑关系记忆""分层记忆""培养良好阅读习惯""增加阅读材料多样性""坚持一定时间量投入""排除外界干扰，提高学习注意力""把握阅读材料总体框架和篇章结构"等建议，有的老师还提出"形象记忆""提高阅读技巧""大量阅读含百科知识文章""提高阅读理解力""对学习材料进行线索记忆"和"提升主题句意识，增强词块记忆意识"策略。

表 4. 提高英语阅读记忆效果的策略调查结果

策略（n）	百分比（%）
交互记忆阅读策略（9）	21.95
复述策略（8）	19.51
扩大词汇量（6）	14.63
反复记忆（4）	9.76
整理、概括和总结要点（4）	9.76
增大阅读量（3）	7.32
拓宽文化背景知识（3）	7.32
逻辑关系记忆（2）	4.88
分层记忆（2）	4.88
培养良好阅读习惯（2）	4.88
增加阅读材料多样性（2）	4.88
坚持一定时间量投入（2）	4.88
排除外界干扰，提高学习注意力（2）	4.88
把握阅读材料总体框架和篇章结构（2）	4.88
形象记忆（1）	2.44
提高阅读技巧（1）	2.44
大量阅读含百科知识文章（1）	2.44
提高阅读理解力（1）	2.44
对学习材料进行线索记忆（1）	2.44
提升主题句意识，增强词块记忆意识（1）	2.44

注：n为有此看法的人数。

3.2 量表调查数据

研究者还就各项阅读记忆策略的陈述对66名大学生进行Likert 5级量表调查，调查结果如表5所示。该表显示：受试对各项自上而下或自上而下阅读策略、交互记忆阅读策略的同意度均值均介于"一般"（值点3）和"基本同意"（值点4）之间，并且绝大部分受试的同意度更接近"基本同意"（值点4）。

表5还显示：超过70%的人同意或基本同意"将阅读信息与想象中的形象内容联系起来，激活和提取储存在长时记忆中的信息，以达到更好的阅读记忆效果"、"遇到文章细节和阅读信息过多时，对阅读内容进行筛选，采用略读、寻读等技巧自下而上阅读以提高阅读记忆效果"和"通过扩大词汇量、提高

语法水平等方式简化记忆渠道，自上而下阅读理解"；超过60%的人同意或基本同意"增加文化背景知识自上而下提高阅读记忆效果""遇到难度较大文章时，采用精读形式，专注于理解难词和难句，自下而上理解文本内容""使用多维形象形式，利用视觉或听觉信息自上而下来加工阅读信息""在各种阅读信息间建立起意义联系，自下而上使阅读内容更容易记住""增大阅读量、提高阅读多样性等方式自上而下来增强阅读记忆效果""通过理解语境、分析作者意图、文章主旨等方式自下而上来提高记忆效果""阅读时一边在文本基础上理解阅读一边自发地进行联想预测，把自上而下阅读策略与自下而上阅读策略有机地联合起来使用""阅读时将记忆信息与已知形象内容联系起来，并联合文本形象和文本语音一起来进行记忆"。

表 5. 对各项阅读记忆策略陈述的同意度调查结果

类别	陈述	Mean	SD	R_1 vs R_2	Z-value
	增加文化背景知识，自上而下提高阅读记忆效果。	3.80	0.89	0.65/0.06	9.01
	文章阅读难度较大时，采用精读形式，专注于理解难词、难句，自下而上理解文本内容。	3.67	1.13	0.61/0.17	5.81
自上而下或自下而上阅读策略	扩大词汇量、提高语法水平，简化记忆渠道，自上而下阅读理解。	3.95	0.89	0.74/0.06	11.12
	使用多维形象形式，利用视觉或听觉信息自上而下加工阅读信息。	3.68	0.87	0.61/0.08	7.75
	在阅读信息间建立意义联系，自下而上阅读，阅读信息更易记住。	3.76	0.91	0.68/0.08	9.19
	增加阅读量，增加阅读多样性，自上而下增强阅读记忆效果。	3.82	0.90	0.68/0.08	9.19
	文章细节和信息过多时，对阅读内容进行筛选，采用略读、寻读等技巧，自上而下阅读提高记忆效果。	3.79	0.88	0.73/0.08	10.22
	通过理解语境、分析作者意图、文章主旨大意等方式自下而上提高记忆效果。	3.77	0.85	0.67/0.06	9.32
交互记忆阅读策略	在文本基础上理解阅读材料，自发地进行联想预测，把自下而上和自上而下阅读策略有机联合起来。	3.80	0.84	0.61/0.02	9.53
	阅读时将记忆信息与已知信息内容联系起来，并联合文本形象和语音一起记忆。	3.76	0.91	0.64/0.08	8.30
	将信息与想象中的形象内容联系起来，提取激活长时记忆信息，以达到更好的阅读记忆效果。	4.00	0.82	0.74/0.02	13.01

注：1）受试共66人；2）Mean为选择各陈述值点的人数与值点之积的和再除以总受试人数之商；3）R_1和R_2分别是选择各陈述值点4—5的人数和值点1—2的人数占总受试人数之比。

　　此外，研究者还就受试对各项策略的同意度选择进行两两总体比例之差的Z检验，结果（见表5）发现：受试对陈述"增加文化背景知识，自上而下提高阅读记忆效果"选择值点为4—5的人数和选择值点1—2的人数占总受试人数的比率分别为0.65和0.06，其总体比例之差的Z检验值（$Z=9.01$）大于临界值（$Z_{0.05}=1.645$）。因此，研究者推断：受试对该陈述同意或基本同意的人数比例显著高于不同意或基本不同意的人数比例。同样，对其他陈述选择值点4—5的人数和选择值点1—2的人数占总受试人数的比例之差的Z检验的绝对值也大于临界值。因此，本研究推断：受试对各项陈述同意或基本同意的人数比例与不同意或基本不同意的人数比例差异显著。由于受试对相关陈述的Z检验值均为正值，因此研究者推断：受试对其他陈述同意或基本同意的人数比例显著高于不同意或基本不同意的人数比率；其中，交互记忆阅读策略中的陈述"将阅读信息与已知或想象中的形象内容联系起来，激活和提取储存在长时记忆中的信息，以达到较好的阅读记忆效果"的Z检验值最高，所以同意或基本同意的人数远多于不同意或基本不同意的人数。因此，本次量表调查发现，受试同意或基本同意自上而下或自下而上阅读策略以及交互记忆阅读策略均能提高大学生英语阅读理解的能力。

4. 讨论

　　阅读次数和阅读理解程度影响阅读记忆的深度。英语阅读记忆对于从文本材料中获取信息和知识非常重要，掌握阅读记忆的方法和技巧是提高英语学习者阅读能力的重要手段。本文通过问卷形式调查了大学生及其英语教师，探讨了英语阅读、阅读记忆困难及其影响因素和应对策略等问题，以帮助学习者更好地理解阅读记忆问题并掌握应对阅读记忆困难的对策。

4.1　扩大二语阅读词汇量，加强自下而上阅读记忆策略的运用

　　词汇是语言的基本单位，其学习效果对个体语言习得具有直接的影响（DeAnda *et al.* 2016）。语言知识在自下而上和自上而下阅读加工中发挥重要作用。例如，学习者需要词汇知识来识别单词并理解其意义，需要形态知识来解释复杂的语法元素和感知语法信息，需要句法知识来识别词与词之间的联系以及它们构成短语和句子的规则，需要篇章结构知识来解释比单一句子长的语言框架等。

　　词汇知识是语言阅读的重要影响因素（白丽芳、戴春燕 2013）。例如，本次问题调查发现，不少受试认为阅读记忆时感到最困难的是"词汇量不够、生词较多"和"阅读材料语句变化多，难以理解其句法结构"。量表调查还发

现，大多数受试同意或基本同意 "阅读记忆问题是因词汇量不足、生词太多等原因造成的"，并且把 "加强词汇、语法等语言知识学习" 作为克服阅读记忆困难的有效策略。对于多数英语阅读有困难的学习者而言，其最大障碍仍为基本的诸如词汇识别、句子结构分析等英语语言知识方面的技能掌握得不够好。本次调查发现，大部分受试认为使用 "英语词缀法" 能够有效扩大英语词汇量。因此，英语学习者有必要扩大英语词汇量，学好语言基础知识，以强化自下而上阅读策略的运用和提高英语阅读理解的效果和能力。

4.2　促进自上而下阅读记忆策略的运用

阅读过程中，读者的语言因素固然重要，但非语言因素（如文化背景知识）也同样重要。阅读理解是一个多方面的认知过程，需要多种技能和因素之间的复杂互动，而文化背景知识是当读者将新信息融入现有知识库过程中影响其阅读理解的重要因素（McNeil 2011）。自上而下阅读策略的有效运用是与读者的文化背景知识水平分不开的，文化背景知识可以在一定程度上弥补学习者语言知识不足的问题。例如，学习者可以运用自上而下阅读策略猜测阅读文本中以前没遇到过的词汇意义等。

阅读理解在工作记忆中发生（Grabe & Stoller 2013）。Joh & Plakans（2017：107）认为，工作记忆对二语阅读理解的贡献可以通过读者的文化背景知识来调节，且二语读者可能需要一定的目标语言和主题知识来有效利用其工作记忆能力。因此，文化背景知识能调节学习者的工作记忆在阅读理解中发挥作用。

本次研究发现，大部分受试认为英语阅读中应该转换思维方式，通过阅读各种文学作品从不同角度了解并体会其他民族的心理和文化，这与蔡红玉（2005）等人的观点一致。因此，研究者建议外语学习者多阅读一些文化意义较强的外语文章，多了解一些西方社会风俗习惯和历史文化，多学习一些有用但在阅读材料中很少出现的阅读口语或俚语，以提高外语文化知识水平和增强其运用自上而下阅读信息加工的能力。

4.3　加强交互记忆阅读策略的运用

交互记忆阅读策略是自下而上阅读记忆策略和自上而下阅读记忆策略的优势互补。本次调查发现，74%的受试同意或基本同意 "将阅读信息与想象中的形象内容联系起来，激活和提取储存在长时记忆中的信息，以达到更好的阅读记忆效果"，64%的受试同意或基本同意 "阅读时将记忆信息与已知信息内容联系起来，并联合文本形象和语音一起记忆"，61%的受试同意或基本同意 "阅读时一边在文本基础上理解阅读材料，一边自发地进行联想预测，把自下而上阅读策略与自上而下阅读策略有机联合起来使用"。因此，交互记忆阅读策略既有利于学习者将阅读信息与想象中的形象内容联系起来，以激活和提取长时记忆信息，也有利于学习者阅读时将记忆信息与已知信息内容联系起来，自发地进行联想预测，把自下而上阅读记忆策略与自上而下阅读记忆策略有机联合起来加以使用，以帮助英语学习者更有效地提高英语阅读记忆的效果。

4.4　进行大量二语阅读实践，加大阅读信息输入量

本次问题调查发现，把"阅读记忆信息容易忘记，需不断复习巩固才能将之转变为长时记忆"作为自己阅读记忆中遇到的最大困难的受试最多，所占比率高达34.52%。另有3.57%的受试认为"阅读量较少时，阅读完一篇完整的文章会很困难，因为这需要花费大量时间去进行消化吸收"。量表调查中，有78%的受试把进行大量阅读实践作为克服阅读记忆困难的有效方法。因此，加大阅读输入量对提高学习者的阅读理解水平十分重要。进行大量的阅读实践练习有助于提高学习者在词汇、语法等方面的语言知识水平，有助于其积累丰富的文化背景知识。因此，建议大学二语学习者进行大量二语阅读实践，在课堂内外阅读足量的二语读物，包括阅读一定量的消遣性书籍，只有阅读达到一定的量，阅读能力才能得到快速提高。

5. 结语

阅读是一项重要技能，语言学习离不开阅读。本文就英语阅读记忆困难及其影响因素和应对策略等问题对部分师生进行问卷调查，并考察了大学生对相关阅读记忆策略的同意度，结果发现：1）大学生的英语阅读记忆困难包括词汇量不足和阅读信息易遗忘；2）影响学习者英语阅读记忆效果的因素包括词汇量、阅读材料难易度、英语语言能力和阅读专注度；3）提高学习者英语阅读记忆效果的主要策略包括交互记忆阅读策略、复述策略和扩大英语词汇量。本文在此基础上提出"扩大二语阅读词汇量，加强自下而上阅读记忆策略运用""促进自上而下阅读记忆策略运用""加强交互记忆阅读策略运用"和"进行大量二语阅读实践，加大阅读信息输入量"等策略，以有效提高大学英语学习者的二语阅读理解能力。

参考文献

Clarke, M. A. & S. Silberstein. 1977. Toward a realization of psycholinguistic principles in the ESL reading class [J]. *Language Learning* 27: 135-154.

DeAnda, S., D. Poulin-Dubois, P. Zesiger & M. Friend. 2016. Lexical processing and organization in bilingual first language acquisition: Guiding future research [J]. *Psychological Bulletin* 142: 655-667.

Fernández, E. M. & H. S. Cairns. 2011. *Fundamentals of Psycholinguistics* [M]. Oxford: Wiley-Blackwell.

Grabe, W. P. & F. L. Stoller. 2013. *Teaching and Researching: Reading* [M]. New York: Routledge.

Joh, J. & L. Plakans. 2017. Working memory in L2 reading comprehension: The influence of prior knowledge [J]. *System* 70: 107-120.

Kendeou, P., K. L. McMaster & T. J. Christ. 2016. Reading comprehension: Core components and processes [J]. *Policy Insights from the Behavioral and Brain Sciences* 3: 62-69.

McNeil, L. 2011. Investigating the contributions of background knowledge and reading comprehension strategies to L2 reading comprehension: An exploratory study [J]. *Reading and Writing* 24: 883-902.

Randall, M. 2007. *Memory, Psychology and Second Language Learning* [M]. Amsterdam/Philadelphia: John Benjamin Publishing Company.

Smith, F. 2004. *Understanding Reading*：*A Psycholinguistic Analysis of Reading and Learning to Read*（*6th* ed.）[M]. London: Lawrence Erlbaum Associates.

Tajeddin, Z. & S. Tabatabaei. 2016. Concept mapping as a reading strategy: Does it scaffold comprehension and recall? [J]. *The Reading Matrix: An International Online Journal* 16: 194-208.

Treiman. R. 2001. Reading [A]. In M. Arronoff & J. Rees-Miller (eds.). *Handbooks of Linguistics* [C]. Oxford: Blackwell. 664-672.

白丽芳、戴春燕，2013，不同等级与层面的词汇知识对阅读和写作水平的影响 [J]，外语教学理论与实践（2）：72-78。

蔡红玉，2005，大学生英语阅读存在的困难及教学策略 [J]，《社会科学论坛》（1）：100-102。

付正玲、袁昌万，2016，基于语料库的大学英语阅读资源建设 [J]，《西南师范大学学报（自然科学版）》（5）：225-230。

李文、张军，2018，基于SILL的国内大学生学习策略与英语成绩相关的元分析 [J]，《外语教学理论与实践》（4）：39- 47。

林挺，1996，应用图式理论提高阅读效果 [J]，《现代外语》（4）：30-34。

彭鹏、陶沙，2009，单词解码、英语语言理解和一般认知能力在汉语儿童英语阅读学习中的作用 [J]，《外语教学与研究》（1）：30-37。

曾祥芹、韩雪屏，1992，《阅读学原理》[M]。郑州：大象出版社。

通信地址： 200093　上海市杨浦区军工路334号上海理工大学外语学院419室

作者简介： 倪锦诚，上海理工大学外语学院教授，博士，研究方向为心理语言学、二语习得、应用语言学。

　　　　　Email：jcneews@163.com

　　　　　周书宁，上海理工大学外语学院研究生，研究方向为心理语言学、应用语言学。

　　　　　Email：18083911716@163.com

　　　　　何欣宇，上海理工大学外语学院研究生，研究方向为心理语言学、科技翻译。

　　　　　Email：hxy980422@163.com

英语学习动机的动态轨迹研究 *

山东外贸职业学院　**王晓璐**　　　中国海洋大学　**杨连瑞**

提要：本文基于定向动机流理论框架，结合动态系统论的观点和方法，对中国高中生英语学习的定向动机流体验进行了探索。研究采用"回溯定性建模"方法，以高中英语学习者为实验对象，通过调查问卷和半结构化访谈，追踪高中英语学习者动机动态轨迹。研究发现：每段定向动机流经历包含目标/愿景定向性、显著的促进结构和积极情绪三个显著特征，这与 Dörnyei 等人的研究发现相吻合；另外个体动机流系统内诸要素，包括父母期待、教师影响、同学竞争等要素之间的相互作用，能激发并维持高中英语学习者定向动机流体验。研究结果在一定程度上为二语学习动机研究和二语教学实践提供有价值的见解。

关键词：定向动机流；二语学习动机；动机轨迹；二语教学

1. 引言

　　二语习得领域的研究者和实践者一直以来对二语学习动机及动机对不同语言学习阶段的影响有着浓厚兴趣，并取得了丰硕的研究成果。传统二语动机研究通常使用定量研究方法，采用传统数据统计方法解释变量之间单一的线性关系，将动机定格为一种静态现象，使动机脱离实际复杂的动态的语境，只能提供静态的"一次性图像"（one-off snapshots）（Sampson 2015：11）。因此，从更为动态的视角去探索动机建构是很重要的学术研究动向。二语动机研究"动态转向"（Dörnyei *et al.* 2015：1）认为，动机的发展和改变基于"诸多组成部分、条件和因素之间的相互联系和相互作用"（Yashima & Arano 2015：288），而且"动态系统内的多元互动是非线性发展的"（Haggis 2008：

---

　　* 本文系国家社会科学基金重点课题"中国英语学习者二语语用能力发展研究"（项目编号：17AYY023）的部分成果。

167），因此二语研究者想要探索二语动机这一复杂系统，需要考虑其动态性特点，用多层次、多维度、动态的、交互的和非线性的视角捕捉动机变化。

由此，Dörnyei *et al.*（2014）提出"定向动机流"（directed motivational currents）的概念。定向动机流（简称DMCs）描述了一种以目标为导向，既能激发也能维持长期性行为的强大动机驱使力，是二语动机领域的最新理论成果。定向动机流与传统动机建构的主要区别在于定向动机流的三个区别性特征：1）目标/愿景定向性，2）凸显的促进结构， 3）积极情绪（Dörnyei *et al.* 2016）。受定向动机流影响的个体，"能够循着某一路径朝既定愿景前进直至目标实现"（王晓璐等 2017：50），个体无须借助外力也可以长期维持其动机能量。

然而，关于定向动机流的实证研究数量寥寥无几（Muir 2016；Ibrahim 2016；Zarrinabadi & Tavakoli 2017；Colombo 2017），国内研究更少。常海潮（2017）基于定向动机流理论，通过两阶段回溯性访谈、轨迹等效建模法探究了10名英语专业研究生在本科阶段学习动机的变化机制，填补了国内定向动机流实证研究的空白。该研究虽成功地从动态系统论角度对定向动机流建构展开了实证检验，但研究中的受试仅仅是学习动机较强的英语学习者，没有数据显示其经历过定向动机流体验。因此，从这些受试收集到访谈数据可能不足以充分说明定向动机流这一独特的动机建构。

因此，本文基于定向动机流理论框架，采用Dörnyei（2014）的"回溯定性建模"研究方法，结合Muir（2016）为研究定向动机流专门设计的调查问卷工具和半结构化访谈工具，对中国高中生英语学习者的定向动机流体验进行了探索，旨在补充并完善国内二语学习动机领域最新理论成果研究，对"定向动机流"的理论价值和实践价值进行探讨。

2. 研究设计

2.1 研究问题
本研究基于定向动机流理论框架，依据动态系统论的观点和研究方法，试图探索并了解中国高中英语学习者的定向动机流体验。具体研究问题如下：

1）高中英语学习者定向动机流体验有哪些显著特征？
2）高中英语学习者如何描述其定向动机流体验的发展轨迹？
3）定向动机流建构对于二语动机研究和高中英语教学实践有何启示？

2.2 研究对象
本研究分为两个阶段，第一阶段为问卷调查，受试为69名母语为汉语的中国高中英语学习者，来自中国青岛某知名公立高中两个高一班级，年龄在16岁至18岁之间。第二阶段为半结构化访谈，根据问卷结果挑选出6名可能有过定向动机流体验的学生（4名女生和2名男生，均采用其自述英文姓名）确立定向动机流小组，进行访谈。在两个班级英语老师的协助下，笔者事先告知受试研究话题、研究目的及意义，学生们自愿参与实验。

2.3   研究工具

实验采用线下方式进行。研究数据采集使用三种工具：

1）定向动机流调查问卷。该问卷由Muir（2016）设计，专门用于定向动机流研究。本研究问卷的主要作用是在受试中找出有过定向动机流的个体，为下一阶段半结构化访谈选取合适受试。

2）个人手绘英语学习动机轨迹图。六名参加半结构化访谈的受试根据自身定向动机流体验，在访谈开始前手绘其动机发展轨迹图。

3）半结构化访谈转录内容。六份访谈转录文本共计17,903字符。

2.4   研究过程

定向动机流建构是一个复杂动态动机系统，涉及诸多要素之间跨时段的互动及相互作用，线性的定量研究方法难以预测相互作用的结果。面对这一挑战，Dörnyei（2014：80）提出一种用于研究动态系统的方法——"回溯定性建模（Retrodictive Qualitative Modelling, 简称RQM）"——并给出"三步走"研究模板。该方法改变以往的研究顺序，从系统的最终状态入手，倒序"追溯（retrodict）"系统不同结果状态（end-states）的发展轨迹，探索形成不同结果状态的影响因素，即为什么系统的某些要素导致了这种结果而不是另一种结果。RQM方法被视为从动态系统角度开展动机实证研究的有效途径（Chan et al. 2015：239），本实验即借鉴"回溯定性建模"研究方法的思路展开。

第一步，明确学生类型，识别出研究对象中经历过定向动机流体验的受试。本研究采用Muir（2016）为研究定向动机流专门设计的调查问卷，初步确立了定向动机流小组。笔者向参与者亲自解释研究目的之后，将打印版的问卷分发给课堂中的所有学生，并要求他们在20分钟内完成，随后收集所有问卷。

第二步，通过分析问卷数据和结果，找出定向动机流小组中典型的个体，然后进行回溯性访谈，每人访谈20—25分钟。访谈前，受试先手绘其定向动机流体验的动机发展轨迹草图，然后详述其强烈的英语学习动机行为，探讨其定向动机流中动机动态变化轨迹。回溯性访谈阶段全程录音，随后由笔者转录为文本材料。

第三步，找出定向动机流中凸显的构成维度，探究其过程中二语学习动机发展的独特轨迹。Hiver（2017：672）指出，"回溯定性建模"研究方法的目标即"确定导致某一系统产生特定结果的成因机制"，因此本研究选取一名受试（原因见3.2），通过描述其定向动机流体验的发展轨迹，确定促成个体定向动机流体验的潜在机制。

3. 研究结果

3.1 定向动机流体验的个体间差异

根据问卷选出参加访谈的六名受试，均被视为有过定向动机流体验的典型代表，然而作者发现他们并非全都完全符合定向动机流的描述，某些受试者动机强烈时的特征与Dörnyei等人所述的特征并不完全一致。例如，研究者发现受试Watson的强烈动机体验称不上是一次定向动机流体验，他的动机主要受个人自尊心和好胜心的驱使，提及自己在过程中处于麻木状态，没有积极情绪。另外，受试Su的强烈动机很大程度上源于她强大的自律能力，积极情绪体验提及很少，也不算典型。可见，Muir（2016）的问卷在确定个体是否真正体验过定向动机流事实这一方面仍需进一步完善。

3.2 定向动机流体验的显著性特征

本研究通过检索六名受试访谈数据中关键词的出现频率，制作以下雷达图（图1），呈现出六名受试者定向动机流体验中的主要维度。由图可见，六名受试者定向动机流体验的维度呈现出明显差异，如同学间的竞争对受试Carol的影响很大，对Watson和Jerry的影响很小；但差异中也存在共性，目标/愿景、促进结构、积极情绪是其定向动机流体验中最为突出的三个维度。

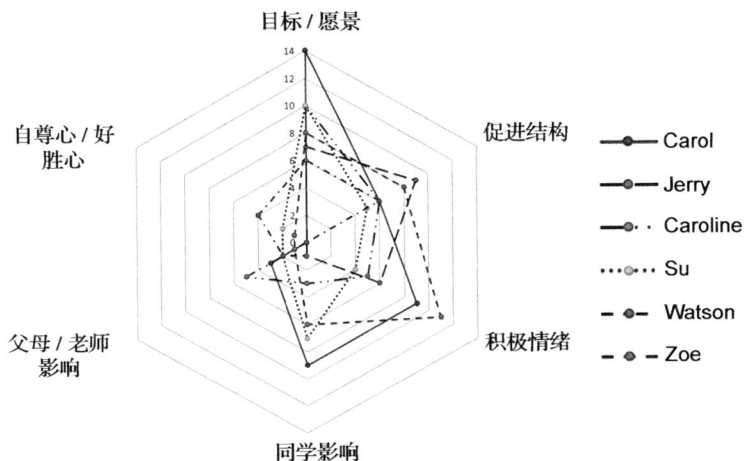

图 1. 定向动机流突出维度的出现次数

目标/愿景定向性（goal/vision-orientedness）。定向动机流中最突出的特征即目标/愿景定向性。六名受试谈及定向动机流体验时，都提到了自己清晰明确的目标或愿景。例如，受试Carol想在托福考试中考高分，说"我想要去美国读好的大学，托福起码得考110分以上"。Caroline的目标是在中考英语考试中取得好成绩，去她梦寐以求的高中。Su受班主任一次谈话的影响，想在中考英语考试中考满分，由此激发其定向动机流形成。Jerry认为能说一口流利的英国英语会很酷，他的目标是"提升自己的英语口语水平，说一口流利的英音"。Zoe因一次英语考试不理想后产生明确目标，期望取得优异成绩以证明自己。Watson的两次定向动机流体验均出于自尊心的维护。

显著的促进结构（a salient facilitative structure）是定向动机流另一区别性特征。定向动机流体验通常伴随一个显著的促进结构，一旦形成，"便循着清晰的路径跳跃式、螺旋式前进"（常海潮 2016：706），具体通过行为惯例（behavioral routines）、设定子目标和定期的进度检查（progress check）来体现。研究数据显示，受试的定向动机流体验过程均伴有重复性的行为惯例，且这些行为惯例成为他们生活中不可或缺的部分。例如，受试Carol说她每天都会用便利贴定下自己的英语学习小目标，"每一天我都会把自己学英语的计划写出来……比如说，每天做一篇阅读，做一套听力，背完某几个学科的单词……"。受试Zoe也描述了她定向动机流体验时的英语学习行为惯例，说她"百词斩每天都会看"，"阅读肯定就每天都会做，习惯性地伸手掏出一本英语来就做"。

积极情绪（positive emotionality）也是显著特征之一。数据显示，当受试英语语言技能取得明显进步，一步步接近预期的最终目标时，会感受到一种强烈的愉悦感和满足感，这个过程尽管耗费精力，但他们却不感到疲惫。受试Carol描述到，"在英语这一学科上，我始终不觉得累"，还补充说，"有了这件事情（学习英语）可以做之后，就感觉生活充实了很多，也很快乐。"值得注意的一点是，定向动机流过程中的积极情绪不仅仅来源于一些娱乐放松性的英语学习活动，或来源于离既定目标越来越近的那种自我实现感，像背英语单词、上英语课外辅导班这种耗费精力的事情也能使其产生愉悦感，这是定向动机流与传统动机理论（如二语愿景、心流等）的重要区别。Carol把背英语单词作为乐趣，说"感觉学英语的时候会比较开心……感觉背单词都停不下来"。

3.3　受试自述定向动机流经历

本文在六位受试中选择Carol的动机发展轨迹展开分析，原因如下：首先，在访谈进行之时，受试Carol仍然处于定向动机流的过程之中，而国内外目前均没有关于"定向动机流过程中"（a DMC mid-flow）的研究，因此其数据对证实当前定向动机流的研究结果有极高价值，能使我们更好地理解定向动机流过程中的"瞬间"（Muir 2016）。此外，根据问卷调查和深度访谈所收集的数据，以及来自其英语老师的反馈和作者的亲自观察，她的动机轨迹是最佳选择。

如Carol自绘动机轨迹（见图2）所示，她的英语学习动机是一个不断波动变化的过程，是一个动态系统。高一寒假时，她的英语学习动机强度第一次到达顶峰，进入第一段定向动机流体验，维持一个月之后其动机强度小幅下降；期中考试过后，她的动机强度再次达到顶峰，动机轨迹再次进入相对稳定且动机超强的状态，开始第二段定向动机流体验。

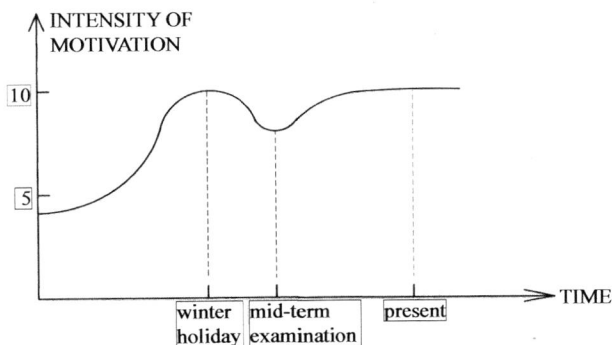

图2. 英语学习动机轨迹图（Carol）

定向动机流有一个明确的触发事件（trigger），能够激发并激励学习者长期维持其动机强度，直至完成既定目标或愿景（Dörnyei *et al.* 2016：104）。想要识别定向动机流，首先要确定激发学习者全身心投入的触发事件（Colombo 2017：129）。受试Carol的第一次体验在寒假开始，她描述了奖学金对其动机流的激发，"学英语的地方（某培训机构）有奖学金，我当时就……就是如果你托福考到105分以上，然后就会奖励你一万块钱。所以在寒假的时候学习英语的动机就超级强烈。"第二次在期中考试后，她谈到了老师对她动机流的再次激发，"跟我们老师（班主任）谈了谈……他跟我说了早点把托福考出来比较好"，自此她的动机流一直维持在很高水平。

当问及哪些因素对她动机影响较大时，受试Carol明确表示了父母期待、同学竞争压力和未来愿景对其动机流的维持作用。她说到，"外界因素就是父母的期待值比较大……然后就是同学之间就是能够首考考很高，就有人第一次就考了114"，"（个人因素）可能还是跟以后申请学校有关系。因为我想要去美国读好的大学，托福起码得考110分以上"。

动机流的促进结构使其处于"动机自动化"（motivational autopilot）（Dörnyei et al. 2016：125）的状态，此时"动机行为内化成为动机流的一个组成部分"（常海潮 2017：43），使个体自然而然通过惯例行为、子目标的设定和过程反馈检查等维持动机流势头，无须有意识地控制与约束。正如无意识自律（nonconscious self-regulation）（Al-Hoorie 2015：60）理论观点，个体能自动化为目标导向的行为做好准备，同时阻止来自其他诱惑的潜在干扰。对于受试Carol而言，英语学习成为她生活中不可或缺的一部分，她的英语学习已成为无意识自动化过程。例如，她每天都会背单词，"因为手机上有软件，随时拿起手机就可以背，不分时间，只要有空就背"，另外，她还会每天给自己设定小目标，并"用便利贴贴在桌子上"逐一完成。平时的英语考试已成为"日常生活的一部分"，用于过程检查。

从整体来看，受试Carol的动机流体验是一个复杂动态系统。动机流轨迹有明显的起点，有目标/愿景引导动机流的发展方向，有凸显的内在促进性结构，过程中还始终伴随着积极情绪。此外，父母期待、教师影响及同学竞争等外在因素进一步激发了她继续前进的意愿。系统内各要素相互作用，使其动机流维持势头、小幅波动变化。需要注意的是，随着既定目标或愿景的实现，定向动机流通常会有明显的结束点（end point），但在本研究开展之时，受试Carol仍处于过程中，因此本文没有关于其结束点的讨论。

4. 讨论

定向动机流与其他动机建构相同，是一个复杂动态系统，本文从系统的最终形成状态入手，追溯形成这一强动机结果状态的发展轨迹，讨论高中生英语学习者的定向动机流体验的触发机制、驱动机制及对于二语动机研究和教学的启示。

4.1 定向动机流体验的触发机制

本研究将高中生个体在二语学习环境中定向动机流经历的触发机制分为两大类，包括积极触发机制（positive triggers）和消极触发机制（negative triggers）。

积极触发机制指在二语学习过程产生积极影响的因子。有些因素与目标/愿景相关，比如一次出国学习的机会、在语言相关比赛中取得优异成绩、通过某考试或者是纯粹自我实现的愿景；某些触发因素则与个体周围环境的积极影响有关，包括得到老师或同学认可，达到父母期望，同学间的积极竞争或偶像/榜样的力量：

如果你托福考到105分以上，然后（培训机构）就会奖励你一万块钱。所以在寒假的时候，学习英语的动机就超级强烈。（受试Carol）

当时考了级部第六，然后任课老师什么的有一次找我聊天，就说我是考二中（市重点高中）的苗子。然后当时就觉得是挺激动的，然后就一直朝着这个目标去。（受试Caroline）

消极触发机制指的是一些使个人面临压力或丢失面子的消极影响，例如考试失败、成绩落后于他人、被父母或教师低估。定向动机流的最初驱动力通常与个体相关的（identity-relevant）目标或愿景密不可分，消极影响会威胁个人形象，由此激发强烈的反作用力，使个体不惜一切代价证明自己的个人价值，维护个人正面形象（Dörnyei et al. 2016：106）："（期中）成绩才考了120多分，然后发现班里有140的，自己就憋逼了……然后就特别想把它学好，然后就又翻字典、又看书什么。"（受试Zoe）

值得注意的是，研究发现擅长英语的学生更有可能在英语学习过程中经历定向动机流。参加半结构化访谈的六名受试英语成绩普遍优异，甚至名列前茅。受试Carol期中考试英语考了146分（满分150），仍然感到不满意。Su提到她英语考试得分总是很高，比竞争对手低一分时就会感到沮丧。Jerry不但英语口语水平突出，而且"英语就没考过低分，英语成绩基本在班里就是前一前二"。

4.2　定向动机流体验的驱动机制

结合问卷数据发现，定向动机流的驱动因素主要有三个方面，包括结果驱动（outcome-driven）、过程驱动（process-driven）和个人（personal）因素。

定向动机流能使个体的英语学习更加专注高效，是重要驱动因素之一。受试相信，一旦他们再次经历这种强烈的动机，他们将有更明确的学习目标或方向，这能大大提高他们的学习效率，最终超出预期并实现既定目标。另外，目标或结果本身是否有趣并不重要，重要的是个体过程中的高效性和高产性。例如，受试Carol表示自己"目标很明确，朝着目标而去，不走弯路"。

过程驱动也是因素之一。定向动机流强调的不是自我约束和自律力，而是一种无意识的自我管理，动机流本身巨大的能量使得个体的学习行为变得毫不费力（Dörnyei et al. 2016）。因此，受动机流驱使朝既定目标前进时，个体会产生强烈的成就感、满足感等积极情绪，让个体在过程中感到愉悦。例如，一位受试描述"我真的很享受那种完全专注的状态，让我感觉很幸福"。

个人因素可以结合二语动机自我系统（L2 Motivational Self System）

（Dörnyei 2005）中的二语理想自我（the ideal L2 self）概念来理解。二语理想自我指的是个体理想的二语学习者形象，如果当前状态与理想状态存在差异，便会成为动机强有力的驱动力。例如，有的受试明确表示想再次体验定向动机流是因为想挑战自己，实现自己英语学习的理想状态。

4.3　定向动机流研究对于二语动机研究的贡献

本研究通过探究中国高中生英语学习者定向动机流体验，从理论和方法层面给国内二语学习动机研究提供了独特见解。理论上来看，研究证实二语学习动机是一个随时间演变和波动的复杂动态过程，且系统内各要素之间动态互动，而定向动机流的独特构造为理解长期动机行为提供了有效研究模板。从研究方法来看，本文采用RQM方法来探索定向动机流建构，进一步证实了RQM研究方法的有效性以及从动态系统论角度研究二语学习动机的必要性，为未来二语动机研究提供可参考的研究模板。

4.4　定向动机流研究对英语教学的启示

二语学习动机研究的一大目标即完善理论研究，并希望教育实践者可以将研究成果应用于二语教学实践之中（Nakata 2013）。本研究对高中英语教学的启示如下：

关注学生二语学习初始状态（initial conditions）。Nitta & Asano（2010）指出"初始动机状态是预测课堂学习成功的试金石"，好的初始学习环境有利于学生在后续语言学习中产生高水平动机，而在早期英语学习过程中有负面经验的学生，其动机轨迹发展趋于下降（Carpenter *et al.* 2009）。因此，高中教师应关注学生语言学习的初始状态，在课程开始之时避免乏味教材的使用以及以教师为主导的被动学习模式。

帮助学生提高目标/愿景定向性。目标/愿景是定向动机流体验中不可或缺的一部分。在高中教学中，教师可采取激励策略，引导学生确立二语学习的目标或愿景。具体操作可参考Dörnyei & Kubanyiova（2014）就如何提高课堂上学生的目标或愿景能力所提出的"六步愿景训练法"。

鼓励学生设定子目标，并及时提供肯定反馈（affirmative feedbacks）。由访谈可见，子目标的设定对学习者保持强烈的语言学习动机具有重要作用。高中英语教师可以为学生设定每周或每月的语言学习目标，确立明确的进度检查点（progress checkpoints），并及时向学生提供肯定反馈，一方面可监控其学习过程，另一方面可以帮助他们维持语言学习兴趣或动机。另外，肯定性反馈可以有多种来源，包括班级同学反馈、教师反馈或语言专家反馈等（Muir 2016）。

充分发挥教育信息化的作用，利用信息技术成果提高二语教学和学习效果和质量。信息通信技术（ICT）被视为信息技术与其他相关技术（特别是通信技术）的结合（UNESCO 2002），极大地影响了教育领域，包括教学、学习和研究（Yusuf 2005）。从访谈数据可见，ICT在高中英语学习者的学习生活中发挥着越来越重要的作用：

> 每个周末出去散步的时候，我会拿着手机，手机上有"每日英语听力"，我在那里面找的东西，会一边散步一边听。（受试Jerry）

> 我用那个手机软件，有一个叫"不背单词"……就感觉那个软件让你背单词停不下来……就感觉能一天背几百个（单词），它会一天之内给你几个，然后再去重复几遍，它里头会有例句，就是所有在经典名著里面还有美剧里面，就是觉得好玩。（受试Carol）

由此可见，高中英语教师需要充分重视ICT对语言教学的作用，有效地利用教育信息化技术，激发并维系学生二语学习兴趣和动机。

5. 结语

本文基于定向动机流理论框架，对中国高中生英语学习者的定向动机流体验和二语学习动机发展轨迹进行了探究。研究发现，每段定向动机流经历均包含目标/愿景定向性、明显促进结构和积极情绪三个显著特征，与Dörnyei等人的研究发现相吻合；此外，受试定向动机流体验的形成可能受教师影响、父母期待、同学竞争、自尊心维护和其他学科压力等因素的影响。研究结果在一定程度上支持了现有定向动机流理论框架，指出了定向动机流研究对于高中英语教学的实践价值。当然，本文仅仅是对中国高中英语学习者定向动机流体验的摸索性研究，研究存在样本量偏小、研究通过回溯性访谈过分依赖受试自述等不足之处。尽管如此，鉴于定向动机流研究目前仍处于起步阶段，作者希望本研究在国内定向动机流研究方面能起到抛砖引玉的作用。

参考文献

Al-Hoorie, A. H. 2015. Human agency: Does the beach ball have free will [A]. In Z. Dörnyei, P. D. MacIntyre & A. Henry (eds.). *Motivational Dynamics in Language Learning* [C]. Bristol: Multilingual Matters. 55-72.

Carpenter, C., J. Falout, T. Fukuda, M. Trovela & T. Murphey. 2009. Helping students repack for remotivation and Agency [A]. In A. M. Stoke (ed.). *JALT2008 Conference Proceedings* [C]. Tokyo, JALT. 259-274.

Chan, L., Z. Dörnyei & A. Henry. 2015. Learner archetypes and signature dynamics in the language classroom: A retrodictive qualitative modelling approach to studying L2 motivation

[A]. In Z. Dörnyei, P. D. MacIntyre & A. Henry (eds.). *Motivational Dynamics in Language Learning* [C]. Bristol: Multilingual Matters. 238-259.

Colombo, M. R. 2017. *Understanding L2 Motivation through Selves and Currents: Lessons from Students in an Innovative Business Spanish Course* [D]. Iowa City, Iowa, USA: The University of Iowa.

Dörnyei, Z. 2005. *The Psychology of the Language Learner: Individual Difference in Second Language Acquisition* [M]. Mahwah, NJ: Lawrence Erlbaum.

Dörnyei, Z. 2009. The L2 Motivational self system [A]. In Z. Dörnyei & E. Ushioda (eds.). *Motivation, Language Identity and the L2 Self* [C]. Bristol, England: Multilingual Matters. 9-42.

Dörnyei, Z. 2014. Researching complex dynamic systems: 'Retrodictive qualitative modelling' in the language classroom [J]. *Language Teaching* 47: 80-91.

Dörnyei, Z., A. Henry & C. Muir. 2016. *Motivational Currents in Language Learning: Frameworks for Focused Interventions* [M]. New York: Routledge.

Dörnyei, Z., Z. Ibrahim & C. Muir. 2015. 'Directed motivational currents': Regulating complex dynamic systems through motivational surges [A]. In Z. Dörnyei, P. MacIntyre & A. Henry (eds.). *Motivational Dynamics in Language Learning* [C]. Bristol: Multilingual Matters. 95-105.

Dörnyei, Z. & M. Kubanyiova. 2014. *Motivating Learners, Motivating Teachers: Building Vision in the Language Classroom* [M]. Cambridge: Cambridge University Press.

Dörnyei, Z., P. D. MacIntyre & A. Henry. 2015. Introduction: Applying complex dynamic systems principles to empirical research on L2 motivation [A]. In Z. Dörnyei, P. D. MacIntyre & A. Henry (eds.). *Motivational Dynamics in Language Learning* [C]. Bristol: Multilingual Matters. 1-7.

Dörnyei, Z., C. Muir & Z. Ibrahim. 2014. Directed motivational currents: Energising language learning through creating intense motivational pathways [A]. In D. Lasagabaster, A. Doiz & J. M. Sierra (eds.). *Motivation and Foreign Language Learning: From Theory to Practice* [C]. Amsterdam: John Benjamins. 9-29.

Haggis, T. 2008. Knowledge must be contextual: Some possible implications of complexity and dynamic systems theories for educational research [J]. *Educational Philosophy and Theory* 40: 159-176.

Henry, A., S. Davydenko & Z. Dörnyei. 2015. The anatomy of directed motivational currents: Exploring intense and enduring periods of L2 motivation [J]. *The Modern Language Journal* 99: 329-345.

Hiver, P. 2017. Tracing the signature dynamics of language teacher immunity: A retrodictive qualitative modeling study [J]. *The Modern Language Journal* 101: 669-690.

Ibrahim, Z. 2016. *Directed Motivational Currents: Optimal Productivity and Long-term Sustainability in Second Language Acquisition* [D]. Nottingham: The University of Nottingham.

Gillies, H. 2014. Researching complex dynamic systems: Retrodictive qualitative modelling to understand motivation in the Japanese EFL classroom [J]. *The Tsuru University Review* 80: 59-70.

Muir, C. 2016. *The Dynamics of Intense Long-term Motivation in Language Learning: Directed*

Motivational Currents in Theory and Practice [D]. Nottingham: The University of Nottingham.

Muir, C. & Z. Dörnyei. 2013. Directed motivational currents: Using vision to create effective motivational pathways [J]. *Studies in Second Language Learning and Teaching* 3: 357-375.

Nakata, Y. 2013. Perspectives on L2 motivation: Bridging the gaps between Teachers, SLA researchers and teacher educators [A]. In M. T. Apple & D. Da Silva. (eds.). *Language Learning Motivation in Japan* [C]. Multilingual Matters. 309-325.

Nitta, R. & R. Asano. 2010. Understanding motivational changes in EFL classrooms [A]. In A. M. Stoke (ed.). *JALT2009 Conference Proceedings* [C]. Tokyo: JALT. 268-290.

Ölmez, F. 2016. Review of motivational currents in language learning: Frameworks for focused interventions [J]. *Eurasian Journal of Applied Linguistics* 2: 57-64.

Sampson, R. J. 2015. Tracing motivational emergence in a classroom language learning project [J]. *System* 50: 10-20.

UNESCO. 2002. *Information and Communication Technology in Education—A Curriculum for Schools and Programme for Teacher Development.* Paris: UNESCO.

Yashima, T. & K. Arano. 2015. Understanding EFL learners' motivational dynamics: A three-level model from a dynamic systems and sociocultural perspective [A]. In Z. Dörnyei, P. D. MacIntyre & A. Henry (eds). *Motivational Dynamics in Language Learning* [C]. Bristol: Multilingual Matters. 285-314.

Yusuf, M. O. 2005. Information and communication education: Analyzing the Nigerian national policy for information technology [J]. *International Education Journal* 6: 316-321.

Zarrinabadi, N. & M. Tavakoli. 2017. Exploring motivational surges among Iranian EFL teacher trainees: Directed motivational currents in focus [J]. *TESOL Quarterly* 51: 155-166.

常海潮，2016，定向动机流——二语动机理论研究新进展 [J]，《现代外语》（05）：704-713。

常海潮，2017，英语专业学生学习动机变化机制研究——基于定向动机流理论的定性考察 [J]，《外语界》（3）：39-47。

王晓璐、杨连瑞、闫海娟，2017，动态系统论视角下的二语学习定向动机流研究 [J]，《当代外语研究》（4）：49-54。

通信地址：266000　山东省青岛市李沧区巨峰路201号山东外贸职业学院公共英语部
　　　　　266000　山东省青岛市崂山区松岭路88号中国海洋大学外国语学院
作者简介：王晓璐，山东外贸职业学院助教，硕士，公共英语部教师，研究方向为二语习得研究、定向动机流、外语教学。
　　　　　Email: wangxiaolu1023@sina.com
　　　　　杨连瑞，中国海洋大学教授，博士，博士生导师，研究方向为二语习得研究、语言学理论及应用、外语教学论。
　　　　　Email: lryang@ouc.edu.cn

中国英语学习者运动事件认知方式研究

北京外国语大学　　**刘雪卉**

　　提要：不同语言对运动事件编码方式的差异可能影响对运动事件的认知，二语习得是否改变学习者原有的认知方式有待探讨。本研究聚焦运动事件的运动路径和运动方式/原因成分，采用E-Prime设计的视频相似性判断任务，考察中国英语学习者的认知方式并与汉、英本族语者比较，旨在探究二语习得和二语水平对学习者运动事件认知方式的影响。研究发现：1）汉语本族语者更关注运动路径，英语本族语者更关注运动方式/原因，英语学习者运动事件认知方式介于汉、英本族语者之间；2）英语水平越高，英语学习者的运动事件认知方式越接近英语本族语者。研究表明英语学习者的运动事件认知方式会随二语发展而重构。

　　关键词：运动事件认知；运动事件类型学；相似性判断；语言相对论

1. 引言

　　语言与认知的关系一直是认知语言学界广泛关注的话题，语言相对论（Whorf 1956）对语言特征影响认知方式的假设得到了众多实证证据的支持，相关研究在物体、颜色、时间和空间等概念域探讨了这一话题（Bylund & Athanasopoulos 2014）。其中运动是研究较多的一个概念域，因为不同语言对运动事件的编码方式差异明显。Talmy（1985）据此提出运动事件类型学，将语言分为两种类型，后来研究意识到语言的类型差异并非两极分化，而是一个连续统（纪瑛琳 2019）。基于运动事件分析语言与认知关系的研究多针对位于连续统两端、类型差异显著的语言，而像汉语这种类型学归属仍有争议的语言（Talmy 2000a，2000b；Slobin 2004a；史文磊 2012）则研究较少且结果存在分歧。此外，语言与认知关系的研究多聚焦本族语者，而对于习得一种新语言能否改变二语学习者原有的认知方式仍少有研究。为检验二语习得能否使学习者认知方式重构，探讨认知方式在二语发展中的变化情况，本研究以中国英语学习者为研究对象，采取视频相似性判断的非语言任务，在线考察学习者对运动事件中运动路径和运动方式/原因两成分的认知方式，以期为语言相对论在二语得领域的适切性提供实证依据。

2. 文献综述

本研究考察的运动事件指物体发生空间位置变化的事件（Talmy 2000a），包括自发运动事件（如"男孩走下楼梯。"）和致使运动事件（如"男孩把球推下楼梯。"）两种类型。Talmy（2000a）认为一个运动事件含焦点、运动、路径、背景和方式/原因等成分，其中路径是核心成分，方式和原因分别属于自发运动和致使运动的成分。根据运动路径在语言中的编码方式，Talmy将世界上的语言划分为卫星框架语言（satellite-framed languages）和动词框架语言（verb-framed languages），前者将运动方式/原因编码于核心句法结构（核心动词），而运动路径编码于边缘句法结构（卫星成分）［见例（1a），引自Talmy 2010：418］；后者将运动路径编码于核心句法结构，运动方式/原因编码于卫星成分［见例（1b），引自Talmy 2010：418］。后有学者发现很多语言并不严格归属这两种类型，因此提出第三种语言类型——等值框架语言（equipollently-framed languages），该语言中运动路径和运动方式/原因的句法地位相等，常以复合动词的形式编码［见例（1c），引自Muysken & Veenstra 1994：289］。从上述对运动事件类型的划分中可看出，运动路径和运动方式/原因在语言中的编码方式是决定一种语言类型学归属的关键，因此本研究选取这两种成分来分析受试的认知特征。

（1）：　　 a. The bottle floated　　　　 into　 the cave.
　　　　　　 瓶子　 漂　　　 进　　 山洞
　　　　　　 [焦点] [运动+方式] [路径] [背景]
　　　　　　 瓶子漂进了山洞。
　　　　 b. La botella entró　　　　 a la cueva flotando.
　　　　　　 瓶子　　　 进　　　　 山洞　　　 漂
　　　　　　 [焦点] [运动+路径]　　 [背景]　 [方式]
　　　　　　 瓶子漂进了山洞。
　　　　 c. e-l a　　　　　 bula bai
　　　　　　 他　　　　　 飞　 去
　　　　　　 [焦点] [运动]+[方式] [路径]
　　　　　　 他飞走了。

英语是典型的卫星框架语言，但汉语的类型学归属仍存在争议。一些学者认为汉语是动词框架语言（Wienold 1995；戴浩一 2002），因为汉语的运动路径成分可以单独编码于核心动词，但运动方式/原因成分无法单独使用，说明运动路径在句子中的位置更为核心。如例（2）所示，汉语中表示运动路径的词"进"既可以用在复合动词里，也可以单独使用，但表示运动方式的词"漂"无法单独使用。但有学者认为汉语复合动词中的运动方式/原因位于更为核心的位置，而运动路径属于次要位置的补足语，且汉语中能够单独使用用的路径词有限，因此认为汉语更偏向卫星框架语言（Talmy 2000a，2000b；Matsumoto 2003；沈家煊 2003）。还有学者认为汉语是等值框架语言（Slobin 2004b；Chen 2007；Chen & Guo 2009），Chen & Guo（2009）的语料库分析发现汉语中路径词和方式词的频率介于典型卫星框架语言和动词框架语言之间，表明运动路径和运动方式的句法地位差异较小。鉴于以上争议，有学者认为三分法也无法涵盖所有的语言类型学特征，因此提出用连续统表示各语言的运动事件类型学分布，连续统两端分别是典型的卫星框架语言和动词框架语言，两者之间是各种程度类型学差异的语言（纪瑛琳 2019）。无论汉语属于哪种运动事件类型，可以肯定汉语与英语的类型学差异较典型卫星框架语言和动词框架语言间的差异小，这种情况下的跨语言差异是否依旧能引起英语学习者认知系统的重构有待研究。

（2）:   a. 瓶子   漂   进   了洞。

                 [方式] [路径]

        b. 瓶子   进   了洞。

                 [路径]

        c. *瓶子   漂   了洞。

                 [方式]

那么运动事件的类型学差异如何影响认知呢？Talmy（2000a）认为语言的句法结构体现其概念结构，某一成分在句法结构中的位置体现了其认知凸显度（salience），即说话者对该成分的注意程度。因此，不同语言对运动事件的编码方式体现了说话者对运动事件的认知方式，卫星框架语言中运动方式/原因的凸显度更高而动词框架语言中运动路径的凸显度更高。Talmy的这一观点与语言相对论一致。Slobin的思而为言假说（Thinking for Speaking Hypothesis）进一步从语言习得角度解释了语言结构对认知的影响：儿童自习得母语开始，不同语言的不同编码方式就引导说话者关注事件的不同方面，因而儿童习得语言的同时也发展出相应的认知方式（1996：76-89）。按照此观点，习得一门语言的同时形成了一种认知方式，以此类推，习得二语也可能改变原有的认知方式。这为本研究提供了理论依据，但这些只是理论假设，是否成立需实证研究证明。

　　基于运动事件探讨语言对认知影响的研究成果已较为丰富，但结果仍存在分歧：有的研究证明了不同语言对运动事件的编码方式会影响说话者的认知方式（如Levinson 2003；Hohenstein 2005；Flecken *et al.* 2014；Zlatev & Blomberg 2015等），有的研究则发现运动事件编码的语言差异并不会显著影响说话者的认知方式（如Gennari *et al.* 2002；Papafragou *et al.* 2002；Landau & Lakusta 2006；Ayşe Betül 2011等），可见语言与认知的关系仍需进一步探讨。当研究涉及二语时，主要关注二语习得是否会使认知系统重构，从而区别于单语者的认知系统。这类研究为数不多，且同样未得出一致结果：Athanasopoulos *et al.*（2015）发现德语二语的英语母语者受到二语的影响，比英语单语者更关注运动事件的终点，认知方式有发生重构的趋势；而Aveledo & Athanasopoulos（2016）对英语二语的西班牙母语者的研究则发现二语并没有显著影响基于一语的运动事件认知方式；Ji（2017）对中国英语学习者的研究则得出二语习得会一定程度上影响二语学习者的运动事件认知方式，且影响程度与二语水平有关：高水平英语学习者更偏向于英语单语者而低水平英语学习者更偏向于汉语单语者。研究方法上，上述研究对认知方式的考察采用了相似性判断、接受度判断、记忆、归类等非语言任务，其中相似性判断任务是使用最广泛的方法，但二语领域的已有研究考察认知的技术手段有待提高。此外，对运动事件认知方式的研究多针对自发运动事件，很少关注更为复杂的致使运动事件，导致研究结果不甚全面。因此本研究借助E-Prime软件来精确测量受试的认知方式，同时考察了自发运动和致使运动两种类型，并进一步探讨二语水平对英语学习者认知方式的影响。

3. 研究设计

3.1　研究问题与思路

　　本研究旨在回答三个问题：1）汉、英本族语者的运动事件认知方式有何不同？2）中国英语学习者的运动事件认知方式与汉、英本族语者有何不同？即二语习得是否影响学习者的认知方式？3）低、高英语水平的中国英语学习者运动事件认知方式有何不同？即学习者的认知方式是否受二语水平影响？对认知方式的考察采用以往研究使用最多的方法——相似性判断任务，考察受试认知方式中运动路径和运动方式/原因的相对凸显度。实验原理为：若语言结构影响认知方式，则受试在相似性判断任务中运动路径和运动方式/原因的相对凸显度不同，表现在受试的不同判断结果和反应时上。

3.2　研究对象

受试分为4组：第1组为汉语本族语者对照组，包括30名不具备英语读写和基本交流能力的中国人；第2组为低水平英语学习者实验组，由30名非英语专业本科生和研究生组成，其英语水平为大学英语四级600分以下或大学英语六级500分以下；第3组是高水平英语学习者实验组，包括30名英语专业本科生和研究生，英语水平为英语专业八级良好或优秀；第4组为英语本族语者对照组，包括20名母语为英语且不具备汉语读写和基本交流能力的外国人。受试年龄范围为18岁至33岁，卡方检验结果表明各组学历不存在显著差异（$\chi^2 = 10.906$，$p = 0.091 > 0.05$）。

3.3　实验材料

实验材料是16组描述运动事件的动画短视频，每组3个相似视频，第一个是标准，第二、三个与第一个相比，分别只有运动路径和运动方式/原因不同（命名为"方式/原因匹配视频"和"路径匹配视频"）。16组视频基于以往研究（Gennari *et al.* 2002；Hohenstein *et al.* 2006；Hickmann *et al.* 2011；Ji 2017；Ji & Hohenstein 2017）改编设计，等分为自发运动事件和致使运动事件两种类型，来研究运动事件类型对相似性判断的影响。运动事件共有8种路径（横跨、进入、沿着、环绕、上、下、远离、靠近）、8种方式（走、跑、骑单车、滑滑板、单脚跳、双脚蹦、爬行、翻滚）和8种原因（滚动、滑动、踢、扔、推、拉、吊、抬），每种路径成分出现6次，每种方式/原因成分出现3次，路径和方式/原因均等搭配。为保证受试只关注运动路径和运动方式/原因而非画面的其他成分（如焦点、背景等），所有视频中的运动都由同一个男孩完成，且每组视频中除了运动路径和运动方式/原因外，其他内容（如背景画面）相同。

3.4　数据收集与分析

实验用E-Prime 2.0设计并实施，受试在安静房间里单独进行实验，观看电脑屏幕中央的视频并作出反应。每组视频开始时，屏幕中央先呈现一个注视点"+++"（500ms），提醒受试集中注意，然后依次播放三个视频，每个视频5000ms，视频间隔500ms，第三个视频结束后呈现判断界面，要求受试看到判断界面后，快速判断第二个和第三个视频哪个与第一个更相似，并按键作选择。E-Prime自动记录相似性判断结果和反应时。实验开始前有练习环节，帮助受试熟悉实验流程。相似性判断任务进行的同时还有个干扰任务，要求受试循环从100数到1，以防止受试激活运动事件相关的语言符号，确保相似性判断任务为纯粹的非语言任务。所有受试自愿参加实验，在实验前都填写了知情通知书并理解了实验要求。

收集的相似性判断结果和反应时数据在分析前先剔除了极端值（超出均值3倍标准差的值），22个极端值被剔除，剩余1,738条数据。相似性判断结果记录为"0"（选择路径匹配视频）和"1"（选择方式/原因匹配视频），数值越大，表示受试越偏向于选择方式/原因匹配视频，则运动原因/方式的凸显度越高；反应时分析是比较选择路径匹配视频和选择方式/原因匹配视频的反应时均值，选择哪种成分匹配视频的反应时均值更短，则该成分的凸显度更高。

4. 研究结果

4.1　运动事件相似性判断结果

运动事件相似性判断结果的值在0—1之间，大于0.5表示偏向选择运动方式/原因，小于0.5表示偏向选择运动路径。将4组受试的总均值和在两种运动类型下的均值以统计图表示（见图1），可见无论是总均值还是每种运动类型下的均值都是第1组最低、第4组最高，第2组和第3组介于之间且随着英语水平提高而更接近英语本族语者。这表明汉语中运动路径成分凸显度更高而英语中运动方式/原因凸显度更高，英语学习者的运动路径和运动方式/原因的凸显度介于汉、英本族语者之间。此外，只有第4组的相似性判断结果均值稍高于0.5，其他三组都低于0.5，各组受试的总均值为0.39，表明受试总体上更偏向运动路径而非运动方式/原因，这符合Talmy（2000a）认为路径是运动事件核心成分的假说和以往研究发现运动路径凸显度高于运动方式/原因的结果（Ji 2017）。至于不同运动类型对相似性判断结果的影响，总体上受试在自发运动中相似性判断结果均值（0.43）高于致使运动（0.39），表明在自发运动中运

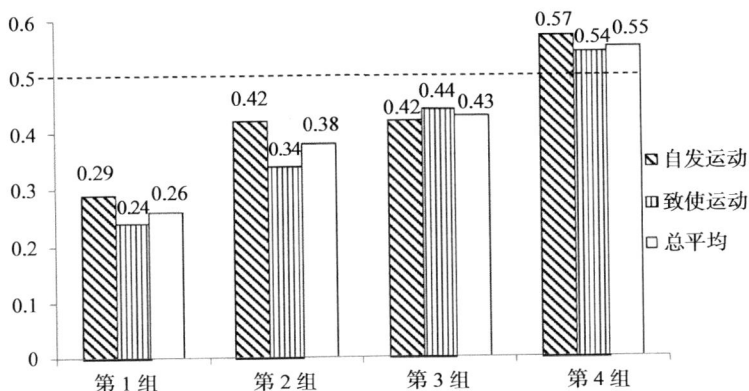

图1. 各组受试不同运动类型下的相似性判断结果均值

动方式的凸显度高于在致使运动中运动原因的凸显度。这一结果是合理的，因为致使运动中的运动原因的凸显度受到施动者和受动者的运动方式的干扰而降低。

为了进一步分析运动类型的影响和组间差异显著性，采用了线性混合效应模型，其中组别和运动类型为预测变量，对相似性判断结果有固定效应，受试和项目产生随机效应。固定效应的结果见表1，组别对相似性判断结果有显著影响（$F = 15.331$，$p = 0.000 < 0.05$），运动类型对相似性判断结果的影响不显著（$F = 0.645$，$p = 0.435 > 0.05$），组别和运动类型的交互效应也不显著（$F = 1.170$，$p = 0.320 > 0.05$）。这表明不同组别间的相似性判断结果整体上差异显著，但自发运动和致使运动两种类型下的相似性判断结果无显著差异。受试和项目的随机效应都可忽略（$p > 0.05$）。为进一步分析各组间的差异显著性，对4个组进行比较（见表2），结果表明汉、英本族语者的相似性判断结果差异十分显著（$F = 71.741$，$p = 0.000 < 0.05$），英语学习者实验组与汉、英对照组的相似性判断结果差异显著（组1和组2：$F = 10.276$，$p = 0.002 < 0.05$；组3和组4：$F = 6.001$，$p = 0.018 < 0.05$），但两个实验组的差异不显著（$F = 1.304$，$p = 0.258 > 0.05$）。因此，从相似性判断结果来看，汉语和英语的运动事件中运动路径和运动方式/原因的凸显度差异显著，汉语比英语的运动路径凸显度更高；英语学习者的运动事件认知方式在二语习得过程中可能发生了重构，从母语主导的认知方式发展为介于一语和二语之间的认知方式，且显著区别于汉、英本族语者，呈现出"中介"风格；英语水平越高，其认知方式越接近英语本族语者，但英语水平对认知方式的影响有限。

表 1. 对相似性判断结果的固定效应

效应来源	分子自由度	分母自由度	F值	p值
截距	1	18.878	274.431	0.000
组别	3	106.962	15.331	0.000
运动类型	1	14.387	0.645	0.435
组别*运动类型	3	581.751	1.170	0.320

表 2. 相似性判断结果固定效应的组间对比

组别	分母自由度	F值	p值
1 vs. 4	257.704	71.741	0.000
1 vs. 2	58.374	10.276	0.002
2 vs. 3	58.166	1.304	0.258
3 vs. 4	48.505	6.001	0.018

4.2　运动事件反应时

　　除了相似性判断结果外，反应时也能体现运动成分的凸显度：选择哪种成分匹配视频的反应时越短，说明认知加工代价越小，则该成分的凸显度越高。因此，对反应时的分析着重对比选择路径匹配视频和选择方式/原因匹配视频的反应时，同时也将组别和运动类型纳入分析范围。如图2所示，第1组和第2组选择路径匹配视频的反应时短于选择方式/原因匹配视频的反应时，第3组和第4组相反，这表明从反应时来看，第1组和第2组的运动路径凸显度高于运动方式/原因凸显度，第3组和第4组运动方式/原因凸显度高于运动路径凸显度。对于选择两种类型的反应时均值的差值（路径匹配视频减方式/原因匹配视频），第1组最低、第4组最高，第2组和第3组介于中间，说明汉语本族语者的运动路径凸显度最高，英语本族语者的运动方式/原因凸显度最高，低水平英语学习者偏向汉语本族语者而高水平英语学习者偏向英语本族语者，这与相似性判断的结果吻合。此外，从图3可得自发运动和致使运动下的受试反应时相近，无论是不同运动类型下的反应时均值还是总体反应时均值，都是第1组反应时最长，第3组反应时最短，且两个英语学习者实验组的反应时总体上低于汉、英本族语者对照组，表明英语学习者的反应较汉、英本族语者快，这或许是双语者区别于单语者的一个认知特征。

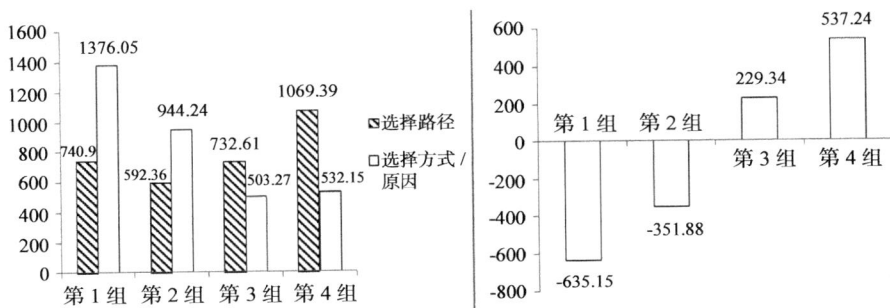

图 2. 各组受试不同相似性判断结果下的反应时均值和（路径—方式/原因）差值

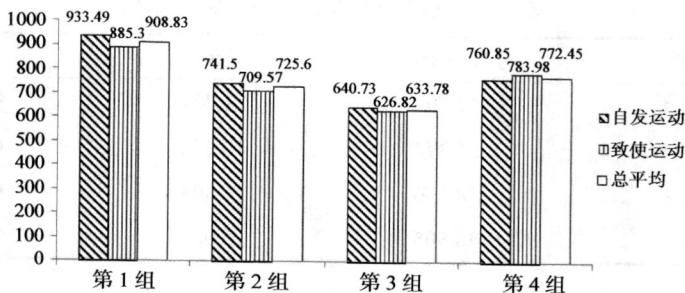

图 3. 各组受试不同运动类型下的反应时均值

　　至于差异显著性，用线性混合效应模型检测了相似性判断结果、组别和运动类型对反应时的固定效应及这些变量间的交互效应，并考虑了受试和项目的随机效应（结果表明随机效应不显著，$p > 0.05$）。如表3所示，相似性判断结果的固定效应不显著（$F = 2.556$，$p = 0.110 > 0.05$），但相似性判断结果与组别的交互效应十分显著（$F = 173.059$，$p = 0.000 < 0.05$），这符合上述描述性统计的结果，即各组内部选择路径匹配视频和选择方式匹配视频的反应时差异显著，但各组的反应时差值互相中和，导致相似性判断结果总体上的固定效应不显著。进一步用单因素方差分析检验反应时差值的组间差异显著性，两两比较的结果表明各组之间差异都显著（见表4），说明从反应时来看，英语学习者的运动路径和运动方式/原因的凸显度显著区别于汉、英本族语者，且高、低水平的英语学习者之间也差异显著。此外，组别对反应时也有显著的固定效应（$F = 10.887$，$p = 0.000 < 0.05$），呼应了上述4个组总反应时的描述性统计结果，即英语学习者反应快于汉、英本族语者（见图3）。运动类型的固定效应和组别与运动类型的交互效应都不显著（$p > 0.05$），表明不同运动类型下的反应时无论是总体上还是各组内比较，都无显著差异，可得出运动类型这一变量对反应时没有显著影响。

表 3. 对反应时的固定效应

效应来源	分子自由度	分母自由度	F值	p值
截距	1	94.997	649.893	0.000
相似性判断结果	1	1644.493	2.556	0.110
组别	3	107.571	10.887	0.000
运动类型	1	14.506	0.275	0.608
相似性判断结果 * 组别	3	1638.916	173.059	0.000
相似性判断结果 * 运动类型	1	1630.746	7.578	0.006
组别 * 运动类型	3	569.222	0.320	0.811

表 4. 反应时差值的单因素方差分析的组间比较

组别	均值差	标准误差	p值
1 vs. 4	1194.05	97.08	0.000
1 vs. 2	324.22	86.83	0.002
2 vs. 3	603.08	86.83	0.000
3 vs. 4	266.75	97.08	0.042

从上述分析可看出相似性判断结果和反应时结果体现出的运动事件认知方式相一致，为进一步检测两种数据的一致性，对相似性判断结果和反应时的数据进行个体层面的非参数检验。求得每个受试的选择路径匹配视频次数与选择方式/原因匹配视频次数之比以及选择路径匹配视频的反应时均值与选择方式/原因匹配视频的反应时均值之比，将两个比值用肯德尔等级相关性检验分析，得出相关系数估计值为−0.257（$p = 0.000 < 0.05$）（见表5），表明相似性判断结果和反应时结果高度一致：若某受试选择路径匹配视频的次数更多，则其选择路径匹配视频的时间也更短。

表 5. 相似性判断结果和反应时的相关性检验 [1]

		相似性判断结果	反应时
肯德尔等级	相似性判断结果 相关系数	1.000	−0.257
	p值		0.000
	频数	109	109
	反应时 相关系数	−0.257	1.000
	p值	0.000	
	频数	109	109

5. 分析与讨论

5.1 汉、英运动事件认知比较

比较汉、英本族语者发现，无论是相似性判断结果还是反应时的数据都表明二者对运动事件中运动方式/原因和运动路径的认知差异显著：汉语本族语者比英语本族语者更关注运动路径。这与汉、英运动事件的语言编码方式相一致，即以往研究多发现汉语本族语者比英语本族语者更多使用路径词且将路径成分编码于核心句法结构（如戴浩一 2002；Chen 2007；Chen & Guo 2009）。

---

1 该矩阵表由SPSS导出，目标数据为矩阵的右上框和左下框数据。

运动事件语言编码方式和认知方式的一致性为语言相对论认为语言结构能影响认知方式的观点提供了实证证据。至于运动方式/原因和运动路径的相对凸显度，相似性判断结果表明，汉语本族语者的运动路径凸显度明显高于运动方式/原因，而英语本族语者的运动方式/原因凸显度稍高于运动路径。这一方面表明英语中运动方式/原因的凸显度的确高于运动路径，符合英语属于卫星框架语言的观点，进一步表明汉、英运动事件的认知差异不仅是程度上的，也是类别上的；另一方面，即使英语这种典型的卫星框架语言也没有显著凸显运动方式/原因，而汉语则显著凸显运动路径，说明运动路径的凸显度总体上高于运动方式/原因，支持了 Talmy（2000a）的路径核心假说。总之，本研究的结果表明，虽然汉语和英语的运动事件类型学差异没有典型卫星框架语言和典型动词框架语言间差异那样大，汉、英运动事件认知方式的差异依旧显著，这为研究中国英语学习者的运动事件认知奠定了良好基础。

5.2　英语学习者运动事件认知特征

　　研究结果表明中国英语学习者对运动路径和运动方式/原因的相似性判断结果和反应时都与汉语本族语者显著不同，且随着英语水平的提高而逐渐接近英语本族语者。这意味着英语学习者的运动事件认知方式在二语习得过程中受到二语的影响而发生重构，逐渐偏离母语的认知方式。这一结果与 Athanasopoulos *et al.*（2015）和 Ji（2017）的研究发现一致，也呼应了在语言层面对二语学习者运动事件编码方式的研究结果（如 Stam 2010；Brown & Gullberg 2011，2013；张拥政、于翠红 2017；徐晗宇 2018），说明二语习得不仅影响二语学习者的语言使用，导致语言迁移，同时也影响了学习者的认知方式，这进一步为语言与认知的关系提供了实证依据。值得注意的是，研究结果虽表明高水平英语学习者的运动事件认知方式比低水平英语学习者更接近英语本族语者，但并不意味着随着英语水平的提高，英语学习者的认知方式会趋同于英语本族语者，因为结果表明高水平英语学习者与英语本族语者的差异依旧显著。英语学习者的认知系统中既包含新习得的二语运动事件认知方式，又包含原有的母语运动事件认知方式，其运动事件认知方式在两种语言的共同影响下，理应与两种语言本族语者的认知方式都不同。

　　基于英语学习者的运动事件认知方式显著区别于汉、英本族语者，而高、低水平英语学习者在相似性判断结果上无显著差异的实验结果，本研究推测在二语习得过程中，一语和二语两种语言认知特征会相互影响，最终使二语学习者发展出一种"中介"认知风格，即介于母语和二语单语者之间且区别于单语者的认知风格。这种认知方式的"中介"特征，与相关研究在语言层面发现的一语和二语表达的"趋同"现象（Pavlenko 2011；Bylund 2011；Brown & Gullberg 2013）相呼应。"中介"认知风格或许正是导致一语和二语表达上"趋同"的原因：根据Levelt（1989）的语言产出模型，语言产出方式源于认知方式，二语学习者无论用一语还是二语表达运动事件时，都不是遵循一语和二语本族语者的范式，而是依据其自身的"中介"认知风格，这种认知风格是不区分一语和二语的，因此在语言使用上也并非两种语言分离，而是趋于相同。需强调的是，二语学习者的认知风格并非固定不变，而更有可能是在英语水平等因素的影响下动态发展的。这种风格是二语学习者区别于单语者的独特特征，印证了二语学习者并非单语者的失败模仿者，而是有自身特征的独立语言使用者的观点（Cook & Li 2016：6）。此外，英语学习者认知方式的独特特征还体现在反应速度上：高、低水平的英语学习者在实验中的反应时显著快于汉、英本族语者，且高水平学习者的反应速度快于低水平学习者。这或许与双语者的认知加工方式有关：不同语言概念间的互动和竞争训练了双语者的概念提取和干扰抑制能力，从而使双语者的认知加工速度快于单语者（Bialystok *et al.* 2009；谢枝龙 2018）。

5.3　不同运动类型的运动事件认知比较

自发运动和致使运动下的运动事件认知方式差异主要表现为致使运动下选择方式/原因匹配视频的比例低于自发运动，这可能是由于致使运动的原因成分因受到施动者和受动者运动方式的干扰而降低了凸显度。自发运动只有一个运动焦点，运动事件中的方式成分即该运动焦点的运动方式［如例（3a）和（3b）］；而致使运动有两个运动焦点（施动者和受动者），运动焦点各自的运动方式并非运动原因（Talmy 2000a），却干扰了运动原因的凸显度，如例（3d）中编码于核心结构的是运动焦点的运动方式"走"，而原因成分则编码于边缘结构"着"字构式中。同样地，在运动事件视频材料中，致使运动中运动主客体的运动动作也掩盖了运动原因的凸显度，导致受试在致使运动中选择方式/原因匹配视频的比例低于自发运动。不同运动类型的语言编码差异与认知方式差异的这种一致性进一步体现了语言结构与认知方式间的紧密联系。

（3）：　　a.　The boy walked across the street.

　　　　　　　　　　[方式] [路径]

　　　　　b.　男孩　　走　　过了马路。

　　　　　　　　　　[方式] [路径]

　　　　　c.　The boy pulled the box across the street.

　　　　　　　　　　[原因]　　　　[路径]

　　　　　d.　男孩　拉着　箱子　走　　过了马路。

　　　　　　　　　[原因]　　　　[方式] [路径]

6. 结语

本研究通过比较汉、英本族语者和不同英语水平英语学习者对运动事件短视频的相似性判断结果和反应时，发现汉、英本族语者的运动事件认知方式差异显著，汉语本族语者更关注运动路径，英语本族语者更关注运动方式/原因，而英语学习者在二语习得过程中，认知方式受二语的影响而发生重构，发展出一种介于一语和二语本族语者之间的"中介"认知风格。二语水平和运动事件类型都对运动事件认知有一定影响。二语水平越高，认知方式越接近二语本族语者；致使运动下的原因成分受到焦点运动方式的干扰，凸显度相对低于自发运动下的方式成分。本研究为二语习得领域语言与认知关系假说提供了实证依据，探讨了二语学习者的认知特征。未来研究可通过历时追踪调查，进一步探究二语学习者的认知发展模式，借助眼动等技术、结合语言和非语言任务，全面考察语言与认知的互动关系。

参考文献

Athanasopoulos, P., E. Bylund, G. Montero-Melis, L. Damjanovic, A. Schartner, A. Kibbe, N. Riches & G. Thierry. 2015. Two languages, two minds: Flexible cognitive processing driven by language of operation [J]. *Psychological Science* 26: 518-526.

Aveledo, F. & P. Athanasopoulos. 2016. Second language influence on first language motion event encoding and categorization in Spanishspeaking children learning L2 English [J]. *International Journal of Bilingualism* 20: 403-420.

Ayşe Betül, T. 2011. *Linguistic Expression and Conceptual Representation of Motion Events in Turkish, English and French: An Experimental Study* [D]. Unpublished doctoral dissertation. Ankara, Turkey: Middle East Technical University.

Bialystok, E., F. I. M. Craik, D. W. Green & T. H. Gollan. 2009. Bilingual minds [J]. *Psychological Science in the Public Interest* 10: 89-129.

Brown, A. & M. Gullberg. 2011. Bidirectional cross-linguistic influence in event conceptualization? Expressions of Path among Japanese learners of English [J]. *Bilingualism: Language and Cognition* 14: 79-94.

Brown, A. & M. Gullberg. 2013. L1-L2 convergence in clausal packaging in Japanese and English [J]. *Bilingualism: Language and Cognition* 16: 477-494.

Bylund, E. & P. Athanasopoulos. 2014. Linguistic relativity in SLA: Toward a new research program [J]. *Language Learning* 64: 952-985.

Bylund, E. 2011. Segmentation and temporal structuring of events in early Spanish-Swedish bilinguals [J]. *International Journal of Bilingualism* 15: 56-84.

Chen, L. & J. Guo. 2009. Motion events in Chinese novels: Evidence for an equipollently-framed language [J]. *Journal of Pragmatics* 41: 1749-1766.

Chen, L. 2007. *The Acquisition and Use of Motion Event Expressions in Chinese* [M]. München, Germany: Lincom GmbH.

Cook, V. J. & W. Li. 2016. *The Cambridge Handbook of Linguistic Multi-Competence* [M]. Cambridge: Cambridge University Press.

Flecken, M., C. V. Stutterheim & M. Carroll. 2014. Grammatical aspect influences motion event perception: evidence from a cross-linguistic non-verbal recognition task [J]. *Language and Cognition* 6 (1): 45-78.

Gennari, S. P., S. A. Sloman, B. C. Malt & W. T. Fitch. 2002. Motion events in language and cognition [J]. *Cognition* 83: 49-79.

Hickmann, M., H. Hendriks & M. Gullberg. 2011. Developmental perspectives on the expression of motion in speech and gesture: A comparison of French and English [J]. *Language, Interaction and Acquisition* 2: 129-156.

Hohenstein, J. 2005. Language-related motion event similarities in English- and Spanish-speaking children [J]. *Journal of Cognition and Development* 6: 403-425.

Hohenstein, J., A. Eisenberg & L. R. Naigles. 2006. Is he floating across or crossing afloat? Cross-influence of L1 and L2 in Spanish-English bilingual adults [J]. *Bilingualism: Language and Cognition* 9: 249-261.

Ji, Y. & J. Hohenstein. 2017. Conceptualising voluntary motion events beyond language use: A comparison of English and Chinese speakers' similarity judgments [J]. *Lingua* 195: 57-71.

Ji, Y. 2017. Motion event similarity judgments in one or two languages: An exploration of monolingual speakers of English and Chinese vs. L2 learners of English [J]. *Frontiers in Psychology* 8: 1-12.

Landau, B. & L. Lakusta. 2006. Spatial language and spatial representation: Autonomy and interaction [A]. In M. Hickmann & S. Roberts (eds.). *Space in Languages: Linguistic Systems and Cognitive Categories* [C]. Amsterdam: John Benjamins. 309-333.

Levelt, W. 1989. *Speaking: From Intention to Articulation* [M]. Cambridge: MIT Press.

Levinson, S. C. 2003. *Space in Language and Cognition: Explorations in Cognitive Diversity* [M]. Cambridge: Cambridge University Press.

Matsumoto, Y. 2003. Typologies of lexicalization patterns and event integration: Clarification and reformulations [A]. In S. Chiba et al. (eds.). *Empirical and Theoretical Investigation into Language: A Festschrift for Masaru Kajita* [C]. Tokyo: Kaitakusha. 403-418.

Muysken, P. & T. Veenstra. 1994. Serial verbs [A]. In P. Arends, P. Muysken & N. Smith (eds.). *Pidgins and Creoles: An Introduction.* [C]. Amsterdam: John Benjamins. 289-301.

Papafragou, A., C. Massey & L. Gleitman. 2002. Shake, rattle, 'n' roll: The representation of motion in language and cognition [J]. *Cognition* 84: 189-219.

Pavlenko, A. 2011. Thinking and speaking in two languages: Overview of the field [A]. In A. Pavlenko (ed.). *Thinking and Speaking in Two Languages* [C]. Bristol: Multilingual Matters. 237-257.

Slobin, D. 1996. From "thought and language" to "thinking for speaking" [A]. In J. Gumperz & S. Levinson (eds.). *Rethinking Linguistic Relativity* [C]. Cambridge: Cambridge University Press. 70-96.

Slobin, D. 2004a. The many ways to search for a frog: Linguistic typology and the expression of motion events [A]. In S. Strömqvist & L. Verhoeven (eds.). *Relating Events in Narrative: (Vol. II). Typological and Contextual Perspectives* [C]. Mahwah, NJ: Lawrence Erlbaum. 219-257.

Slobin, D. 2004b. How people move: Discourse effects of linguistic typology [A]. In C. L. Moder & A. Martinovic-Zic (eds.). *Discourse across Languages and Cultures* [C]. Amsterdam: Benjamins. 195-210.

Stam, G. A. 2010. Can an L2 Speaker's Patterns of Thinking for Speaking Change? [A]. In Z. Han & T. Cadierno (eds.). *Linguistic Relativity in SLA* [C]. Bristol, UK: Multilingual Maters. 59-83.

Talmy, L. 1985. Lexicalization patterns: Semantic structure in lexical forms [A]. In T. Shopen (ed.). *Language Typology and Syntactic Description vol. III: Grammatical Categories and the Lexicon* [C]. Cambridge: Cambridge University Press. 36-149.

Talmy, L. 2000a. *Toward A Cognitive Semantics (Vol. I): Concept Structuring Systems* [M]. Cambridge, Massachusetts: MIT Press.

Talmy, L. 2000b. *Toward A Cognitive Semantics (Vol. II): Typology and Process in Concept Structuring* [M]. Cambridge, Massachusetts: MIT Press.

Talmy, L. 2010. A typology of event integration in language [A]. In T. F. Li & Y. Gao (eds.). *Ten Lectures on Cognitive Semantics by Leonard Talmy* [C]. Beijing: Foreign Language Teaching and Research Press. 395-440.

Whorf, B. L. 1956. Language, thought and reality [A]. In J. B. Carroll (ed.). *Language, Thought and Reality: Selected Writings of Benjamin Lee Whorf* [C]. Cambridge, MA: MIT Press. 134-159.

Wienold, G. 1995. Lexical and conceptual structures in expression for movement and space: With reference to Japanese, Korean, Thai and Indonesian as compared to English and German [A]. In U. Egli, P. E. Pause, C. Schwarze, A. von Stechow & G. Wienold (eds.). *Lexical Knowledge in the Organization of Language* [C]. Amsterdam: John Benjamins. 301-340.

Zlatev, J. & J. Blomberg. 2015. Language may indeed influence thought [J]. *Frontiers in Psychol.* 6: 1631.

戴浩一，2002，概念结构与非自主性语法：汉语语法概念系统初探 [J]，《当代语言学》（1）：1-12。

纪瑛琳，2019，认知视域下的空间运动事件表达 [J]，《外语教学》（3）：12-18。

沈家煊，2003，现代汉语"动补结构"的类型学考察 [J]，《世界汉语教学》（3）：17-23。

史文磊，2012，汉语运动事件词化类型研究综观 [J]，《当代语言学》（1）：49-65。

谢枝龙，2018，中国汉英双语者双语优势的特征 [J]，《现代外语》（4）：505-516。

徐晗宇，2018，中国英语学习者汉语运动事件中背景信息表达的反向概念迁移研究 [J]，《江苏外语教学研究》（2）：8-11。

张拥政、于翠红，2017，自发运动事件在线加工中的跨语言差异 [J]，《现代外语》（6）：778-789。

通信地址： 100089   北京市海淀区西三环北路2号 北京外国语大学东校区

作者简介： 刘雪卉，北京外国语大学中国外语与教育研究中心博士研究生，研究方向为二语习得。

          Email: beiwailxh670@126.com

二语课堂话语研究的多视角理论回顾与思考*

华中科技大学　　**龙在波　徐锦芬**

提要： 本文首先系统回顾了认知互动理论和社会文化理论在二语课堂话语研究中的应用，然后简要介绍了会话分析、复杂理论和语言社会化理论。基于文献回顾，我们认为未来研究需要1）从多理论视角洞悉课堂话语本质；2）充分利用其他学科理论解释课堂话语的多样性和复杂性；3）通过多种方法收集数据以充分发掘语境信息，从而一方面为教师干预提供指导，同时也通过数据间的三角互证提高研究的信度和效度；4）教师基于自己的课堂开展行动研究，以实现专业发展、提升课堂互动效果。

关键词： 课堂话语；认知互动理论；社会文化理论

1. 引言

　　二语课堂话语既是活动焦点，课堂主要目标，也是实现这个目标的手段。外语语境下，课堂话语还是学习者语言输入和输出的重要载体（徐锦芬、龙在波 2020a），从一定程度上反映学习过程及效果。因此，对于教师来说，洞悉课堂话语动态是他们建立和维系良好课堂交际环境的必要条件；对于研究者来说，深入剖析课堂话语过程能发掘学习发生的条件和机会，为教师开展有效教学提供启发。因此，我们梳理国内外二语课堂话语研究理论，为国内教师和研究者通过研究课堂话语而探索二语学习与教学实践提供理论指导，进而推进二语课堂研究全面系统发展。

　　早期二语课堂话语研究主要从认知互动理论出发，认为语言习得是语言环

　　* 本文为国家社会科学基金重点项目"教育生态视角下我国大学生英语学习多元互动研究"（项目编号：20AYY015）的部分研究成果。

境（如语言输入类型）与学习者内部机制（如注意、记忆等）复杂交互的产物。20世纪90年代中期以来，以社会文化为导向的二语学习观挑战了认知观的统治地位，形成了二语习得研究社会转向。在此趋势下，社会文化理论、会话分析、复杂理论、语言社会化等理论也被用来从多方面揭示课堂话语的社会性本质。其中，社会文化理论使用最为广泛。本文主要介绍认知互动和社会文化理论及其相关研究成果，随后简要介绍其他关注社会语境的理论，并据此提出未来研究发展方向。

2. 认知互动理论

认知互动理论主导了20世纪90年代前的课堂话语研究。该理论包含输入、互动、协商、输出、语言相关片段等构念（Gass & Mackey 2015），整合了输入假说（Krashen 1985）、互动假说（Long 1996）和输出假说（Swain 2005），强调互动对学习的作用，并且还借助心理学概念"注意"（Schmidt 1990）来解释互动与学习间的关系。

早期基于认知互动理论的课堂话语研究者主要探究修正话语（modified speech）与协商对理解或语言习得的影响。从修正输入与理解之间的关系来看，研究证明互动性修正输入更有利于理解（如Pica et al. 1987）。从修正输入与语言习得的关系来看，Ellis et al.（1994）发现互动性修正输入比提前修正或未加修正的输入更有利于二语学习，而Ellis & He（1999）则发现二者在词汇学习上引起的差异并不显著。他们的研究表明可能存在其他变量影响输入效果。也有研究探析了修正输出的作用，发现通过互动"迫使"学习者产出更准确的语言有助于语言学习（Nobuyoshi & Ellis 1993）；并且修正输出比修正输入对学习的影响更明显（Ellis & He 1999）。

最初关注协商的研究者主要探究意义协商的作用，发现其促进理解和学习，而且即便只是观察他人协商，学习者的理解也能得到显著提升（如Pica et al. 1987）。后来研究者发现课堂上意义协商并不多见，因此扩大了协商的范畴，探究形式协商（纠正性反馈和语言相关片段）对二语学习的作用。关注纠正性反馈的研究者力图通过定量分析，探究何种反馈更能触发注意并引起学习。他们主要探究了负面证据与正面证据、显性反馈与隐性反馈、输入提供型反馈和输出提示型反馈的作用（如Lyster 2004；Sheen & Ellis 2011）。研究表明各种反馈均有独特作用，但其有效性受个体差异、教学语境等变量的调节（Lyster 2015）。形式协商中的语言相关片段是互动中学习者谈论或质疑他们所产出的语言、纠正他人语言使用或实现自我纠正的对话部分。此类对话有利于调节认知过程，促进二语学习（如Swain & Lapkin 1998）。

　　随着对互动特征的把握逐渐加，研究者通过控制变量（如互动对象、任务特征、语言目标、互动语境等）创造不同的互动条件，考察其对学习机会（修正性输入/输出、协商、语言相关片段等）、注意以及二语学习的作用。

2.1　互动对象

　　关注互动对象影响作用的研究主要考察本族语者、同伴互动、参与结构、个体差异等因素的作用。考察本族语者对课堂话语过程影响的研究表明：本族语者在互动中对二语学习者具有积极作用（如Pica et al. 1996），但有时二语学习同伴的作用优于本族语者（如García Mayo & Pica 2000）。这样的研究结果为中国语境下二语课堂开展同伴互动提供了强有力的实证支撑。

　　同伴互动研究通常与互动参与结构（结对互动、小组互动、全班师生互动等）研究重合。研究表明，同伴互动不仅能为学习者提供检验语言假设的环境，还能减轻学习者的心理焦虑、提升互动舒适度，进而提高学习者语言产出，为他们创造更多语言学习机会；此外，学习者普遍认为同伴互动比师生互动更加轻松（Philp et al. 2014）。Sato（2017）发现积极的参与心态和良好的同伴关系更有利于学习者从互动中获益。Xu & Kou（2018）的研究则表明同伴互动策略的使用有利于提升口语表达复杂度、流利度和准确度。Xu et al.（2019）进一步探究了同伴纠正性反馈的影响因素，发现该过程受反馈提供者知识水平、错误显著度、同伴关系等六个因素的影响，从而反映了课堂互动的复杂性。还有许多研究者关注了同伴互动过程中反馈对二语学习的作用，研究结果并不统一（如Adams et al. 2011；Saito & Lyster 2012）。这些研究表明教师在同伴反馈中需要提供策略教学和指导，同时也反映了课堂环境对同伴互动的影响作用。

2.2　个体差异

　　现有研究主要考察了学习者二语水平、心理因素（焦虑、交际意愿、学习者信念）和认知因素（工作记忆、语言学能）等方面个体差异如何影响课堂话语过程及学习效果。关注二语水平作用的研究者通过对比高低水平结对和同水平结对互动考察该因素对学习机会和学习效果的影响（如Kim & McDonough 2008；Williams 2001等），研究并无定论。因此，可能存在其他因素影响话语过程和学习效果（如同伴关系等）。

　　关注心理因素的研究考察了焦虑、交际意愿和信念对互动的影响。Sheen（2008）发现低焦虑学习者从互动反馈中受益更多，而Révész（2011）则发现焦虑并不影响任务执行结果。也有研究考察了交际意愿与互动语境间的关系。例如，Cao & Philp（2006）发现小组人数、互动对象间的熟练程度、互动对象的参与程度、话题熟悉度、自信等都会影响交际意愿。关注互动者信念的研究发现教师与学生对纠错的态度不一定一致，这种不一致性可能阻碍语言学习（Schulz 1996）。Sato（2013）则发现通过教学干预，学习者逐渐对同伴互动有效性持积极信念，从而在互动中提供更多纠正性反馈。由此可见，学习者心理因素影响互动学习效果，未来研究需要探索如何采取干预措施，提升学习者积极心理。

学习者个体认知差异（语言学能/工作记忆）在课堂话语中的作用近年来也开始受到关注。例如，Li & Fu（2019）发现在显性语法教学与任务和直接参与任务两种情况下，语言学能均能预测学习者的口语表现，但其作用在直接参与任务情况下更为显著，而工作记忆在两种条件下均不具备预测力。Révész（2012）则发现重述对二语发展的作用受工作记忆调节。现有关注认知差异与课堂话语关系的研究并不多见，而且研究结论也不统一，需要未来的研究进一步探索。

2.3　任务特征

在考察任务特征对互动的影响作用时，研究者主要从任务类型（分化式任务/聚合式任务）和任务复杂度两方面探讨任务如何影响互动学习。

Gilabert et al.（2009）发现只有唯一解决方案的聚合式任务（convergent task）比分化式任务（divergent task）诱发更多意义协商。而Newton（2013）却发现学习者聚合式任务中开展意义协商的可能性低于分化式任务。虽然结果不一致，但是这些研究都表明任务类型确实会影响同伴互动话语，因此教学实践者可结合自身课堂语境探究任务类型如何影响互动与学习，以便设计出更为有效的课堂任务。

关注任务复杂度的研究者从三个维度操控任务：有无推理要求、因素多少、是否此时此刻。此类研究也无定论，如Baralt（2014）发现学习者在课堂环境下执行复杂任务时产生更多语言相关片段，在网络同步互动环境下并无语言相关片段产生。与该研究不同，Kim & Taguchi（2015）基于语言相关片段将学习机会界定为语用相关片段（pragmatic-related episodes）。Kim & Taguchi发现复杂任务相比简单任务并非在全部语用语言形式（pragmalinguistic forms）上都产生更多语用相关片段。因此，未来研究需要考虑任务复杂度对学习机会的影响如何受其他因素调节。

2.4　模态因素

关注模态如何影响课堂话语过程的研究者主要从任务模态（口头表达、书面表达）和互动模态（面对面face-to-face、共时在线交际synchronous computer-based communication）两方面探究模态的影响作用。研究发现写作任务比口头任务诱发更多语言学习机会（Azkarai & Garía Mayo 2012等）。然而，对于两种任务模态如何影响任务表现（句法复杂度）的研究发现却并不一致（如Kormos 2015；Kuiken & Vedder 2011）。因此，任务模态如何影响语言发展和学习机会、何种因素调节任务模态的影响作用还有待进一步考察。

技术调节的课堂话语近年来受到越来越多关注。Ziegler（2016）基于14项研究的元分析发现，共时在线交际与面对面交际两种模态对语言发展的影响并无显著差异。随着越来越多新技术应用于课堂，未来研究需要进一步探究各种技术如何影响课堂话语过程及语言发展。

3. 社会文化理论

相对于认知互动理论，社会文化理论在课堂话语研究中的应用起步较晚。但是自从1994年国际应用语言学期刊*The Modern Language Journal*上"社会文化理论"专栏的发布，越来越多研究者开始应用该理论解释课堂话语现象。认知互动理论认为语言学习是个体独立加工、分析、储存文本或口头输入的过程，而社会文化理论则认为知识具有社会性（徐锦芬、龙在波 2020c），构建于协作、互动和交际中，是最近发展区内社会互动的产物。互动为学习者提供机会协作产出新的语言形式，进而调节学习过程。学习发生的证据在于学习者之前需要支架辅助才能产出的语言形式后来可以由学习者独立用于语言产出中。这一过程中学习者独立解决问题的水平与他人提供支架帮助时所能达到的潜在水平之间的距离即最近发展区。社会文化理论认为学习者利用工具调节行为和思维过程，这些工具即中介（如语言、手势、图标、数字、实物等），而语言则是认知活动中最重要的中介。社会文化理论将课堂话语重新界定为一种调节课堂学习的主要符号资源。例如，认知互动理论将教师提问当作一种诱导语言输出的手段；而社会文化理论则将其看作一种动态性话语工具，用来促成师生协作并且为学生搭建支架、辅助学生理解知识。因此，教师提问实际上充当了实现教学目标的符号工具。总体说来，社会文化理论认为语言学习源于个体间互动，随后再演化为个体内部思维活动（Lantolf & Pavlenko 1995）。不同于认知互动视角下的课堂话语研究，社会文化理论通常不操控变量，力图以整体视角看待课堂话语中的共建过程。社会文化理论主要基于最近发展区、支架和中介等概念探究了互动对象、反馈、母语使用等对语言学习和发展的作用。

3.1　互动对象

支架是认知发展的关键，必须依据学习者的潜在能力而提供，并且需要依据学习者能力的改变而改变。李丹丽（2012）发现教师支架具有七大功能，其中反馈、示范理想的解决方案和维持既定目标是最主要的功能，而 Donato（1994）则发现同伴之间也能提供支架。徐锦芬（2016）进一步发现同伴支架主要表现在提高参与度、提供词汇、提供观点等七个方面。Guk & Kellog（2007）发现教师支架方式与学生支架方式有所不同，二者互为补充。这样的发现对我国大班英语教学充分发挥同伴的作用具有重要启发。

3.2　纠正性反馈

　　不同于认知互动视角的观点，社会文化理论认为课堂话语中不存在某种纠正性反馈的绝对优势，互动者需依据学习者语言发展水平提供有针对性的反馈。因此，纠错是一种互动双方共同参与的社会行为，具有相倚性（contingency），需要纠错者依据会话语境和会话动态提供不同类型的反馈。Aljaafreh & Lantolf（1994）将支架式纠正性反馈依据显性程度设计为十二级量表，教师最初仅提供最为显性的反馈，随后依据学生需要调整纠正性反馈的显性程度。研究表明，所有学习者均表现出不同程度的语言发展。Aljaafreh & Lantolf 提出发展不仅仅体现在语言结构层面，还体现在学习者所需要的纠正性反馈上（逐渐趋向隐性化）。后来的研究进一步证明了支架式纠正性反馈的有效性（如 Rassaei 2014）。

3.3　母语使用

　　社会文化理论认为母语是二语学习者调节思维的重要中介。例如 Levine（2014）认为二语课堂是一个多语社会空间，教师与学习者需要共同协商并共建母语使用规范，从而动态化、创造性地使用母语以满足教学目的。Schwartz & Gorbatt（2017）则表明教师使用多种中介策略（如搭建支架、示范等）避免学习者使用母语翻译，进而激活学习者的最近发展区并提高他们二语学习参与度。基于此，我们认为课堂上是否使用母语、如何使用母语需要结合具体社会文化语境（如教师或学习者信念等）进一步探究。

3.4　手势语

　　社会文化理论中手势语也是重要的符号中介，是思维的物化载体，能使思维可视化，因此能有效用来实现自我调控功能。手势语不仅可以成为教学中介，还可以成为学习者的学习中介。例如，Matsumoto & Dobs（2017）发现教师将学习者手势语当作了解其知识状态、预测其认知发展的资源，并依据他们的需求提供输入，进而为学习者的语法理解搭建支架。同时学习者的手势语也反映出他们对教师手势的关注，体现出他们较高的学习互动能力（Interactional competence for learning）。另外，学习者还能将教师的手势语作为中介工具，用以解释和学习语法概念。

4. 其他理论

除了认知互动理论和社会文化理论，近年来研究者还采用会话分析、复杂理论和语言社会化等其他理论从不同角度解读课堂话语过程，揭示语境对话语过程的影响。

4.1 会话分析

会话分析源于民族方法学，20世纪90年代被引入二语课堂话语研究。会话分析认为行为序列（sequences of actions）是互动言谈发生的主要语境，某一行为的意义取决于它回应的上一行为序列，同时，该行为又影响下一行为序列的意义。从这个意义上说，社会语境是通过互动序列结构表达并创建的，具有动态性（Heritage 2004）。会话分析研究者不预先参照任何理论框架，不忽视互动中的任何细节，通过无目的探究（unmotivated looking），力图"使数据说话"，从而从主位视角揭示互动参与者在会话中如何共建语境（Heritage 2004），实现意义交流。会话分析主要借助话轮转换、序列组织和会话修正解释会话参与者达成主体间相互理解的过程（Seedhouse 2004）。二语课堂话语中会话分析理论主要从会话结构本身探究课堂会话如何影响学习机会，以及学生如何发展互动能力。

4.2 复杂理论

课堂话语是一个复杂系统，具有自组织性、非线性、初始状态敏感性、同质与异质兼备性等特征（Cameron & Larsen-Freeman 2007）。课堂话语参与者、教材教具、课堂语境、社会文化语境、话语等待时间、教师反馈等都构成这个系统的一部分，改变系统的任一参数都会使系统进入另一状态，影响教师和学生的话语产出，进而影响学习机会的产生。但是参数和状态的改变并不具备直接的线性因果关系。现有复杂理论指导下的课堂话语研究文献不多，仅有少量研究对话语等待时间和教材教具等因素如何影响课堂话语展开了探讨。如Matsumoto（2019）将教师习惯性地使用某种教材教具的教学行为看作吸态，提出教师应调整其教学材料和其他话语资源，依据学生需要和关注点即兴采取特定教学策略。

4.3 语言社会化理论

语言社会化理论关注个体如何通过语言使用而成为具备文化能力（culturally competent）的目标语言或目标文化社区成员。该理论关注新手使用的语言或用于新手的语言，并将这种语言使用与更大的文化交际语境联系起来，包括社会秩序观、思想意识形态、新手与专家的关系、即时活动和任务等。课堂不仅是新手与专家协商知识与技能的场所，还是价值观、身份、立场、情感协商的场所。基于语言社会化理论的研究者主要考察课堂话语中文化和伦理价值社会化以及身份和社区社会化的过程。如He（2015）发现学习者在课堂互动中会使用中英两种语言资源构建多元身份空间，为有效融入课堂提供最优参与者身份。黄均钧（2019）也发现课堂同伴互评活动中，随着活动的参与和深入，学习者对共同体及自我身份的认识不断发生变化，从而逐渐敢于发表自身观点，完全参与同伴互评。

5. 结语

综上所述，20世纪90年代以来，课堂话语研究已经摆脱了认知互动理论一家独大的局面，越来越多的理论被用来解释课堂话语过程与互动效果。在社会转向趋势下，语境对课堂话语的影响作用受到越来越多关注，课堂话语研究整体视角受到推崇。结合国内现有研究，我们认为未来研究要从以下方面着手。第一，不同理论能帮助研究者看到同一现象的不同方面（徐锦芬、龙在波 2020b），因此，未来研究需结合多种理论探究课堂话语动态，揭示中国语境下互动学习的本质；第二，以上文献回顾表明，跨学科理论逐渐被用于二语课堂话语研究，例如复杂理论源于自然科学，语言社会化理论融合了社会学理论，这种跨学科取向对课堂话语提供了更丰富、更深层次的解释，因此需要继续成为课堂话语研究的特征；第三，多学科理论要求多样数据收集方法，未来研究不仅需要收集定量数据，还需要通过多种方法收集语境信息，尤其要通过访谈、民族志等方法采集课堂话语过程中的师生视角，从而为教师基于本地语境采取干预措施提供指导，同时也通过多种数据间的三角互证，提高研究的信度和效度；第四，社会转向趋势下的理论对语境的关注，为教师基于自身课堂开展行动研究提供了可能，从而为教师实现专业发展和提高课堂互动效果提供了途径。

参考文献

Adams, R., A. M. Nuevo & T. Egi. 2011. Explicit and implicit feedback, modified output, and SLA: Does explicit and implicit feedback promote learning and learner-learner interactions? [J]. *The Modern Language Journal* 95: 42-63.

Aljaafreh, A. & J. P. Lantolf. 1994. Negative feedback as regulation and second language learning in the zone of proximal development [J]. *The Modern Language Journal* 78: 465-483.

Azkarai, A. & M. P. García Mayo. 2012. Does gender influence task performance in EFL? Interactive tasks and language related episodes [A]. In E. Alcón Soler & M. P. Safont Jordá (eds.). *Discourse and Learning Across L2 Instructional Contexts* [C]. Amsterdam: Rodopi. 249-278.

Baralt, M. 2014. Task complexity and task sequencing in traditional versus online classes [A]. In M. Baralt, R. Gilabert & P. Robinson (eds.). *Task Sequencing and Instructed Second Language Learning* [C]. London: Bloomsbury. 95-122.

Cameron, L. & D. Larsen-Freeman. 2007. Complex systems and applied linguistics [J]. *International Journal of Applied Linguistics* 17: 226-240.

Cao, Y. & J. Philp. 2006. Interactional context and willingness to communicate: A comparison of behavior in whole class, group and dyadic interaction [J]. *System* 34: 480-493.

Donato, R. 1994. Collective scaffolding in second language learning [A]. In J. Lantolf & G. Appel (eds.). *Vygotskian Approaches to Second Language Research* [C]. Norwood: Ablex. 33-56.

Ellis, R. & X. He. 1999. The roles of modified input and output in the incidental acquisition of word meanings [J]. *Studies in Second Language Acquisition* 21: 285-301.

Ellis, R., Y. Tanaka & A. Yamazaki. 1994. Classroom interaction, comprehension, and the acquisition of L2 word meanings [J]. *Language Learning* 44: 449-491.

García Mayo, M. P. & T. Pica. 2000. L2 learner interaction in a foreign language setting: Are learning needs addressed? [J]. *International Review of Applied Linguistics in Language Teaching* 38: 35-58.

Gass, S. M. & A. Mackey. 2015. Input, interaction and output in second language acquisition [A]. In B. Vanpatten. & J. William (eds.). *Theories in Second Language Acquisition* [C]. London: Routledge. 180-206.

Gilabert, R., J. Barón & A. Llanes. 2009. Manipulating cognitive complexity across task types and its impact on learners' interaction during oral performance [J]. *International Review of Applied Linguistics in Language Teaching* 47: 367-395.

Guk, I. & D. Kellog. 2007. The ZPD and whole class teaching: Teacher-led and student-led interactional mediation of tasks [J]. *Language Teaching Research* 11: 281-299.

He, A. W. 2015. Literacy, creativity, and continuity: A language socialization perspective on heritage language classroom interaction [A]. In N. Markee (ed.). *The Handbook of Classroom Discourse and Interaction* [C]. Oxford: Wiley-Blackwell. 304-318.

Heritage, J. 2004. Conversation analysis and institutional talk: Analyzing data [A]. In D. Silverman (ed.). *Qualitative Research: Theory, Method and Practice* [C]. London: Sage. 222-245.

Kim, Y. & K. McDonough. 2008. The effect of interlocutor proficiency on the collaborative dialogue between Korean as a second language learners [J]. *Language Teaching Research* 12: 211-234.

Kim, Y. & N. Taguchi. 2015. Promoting task-based pragmatics instruction in EFL classroom contexts: The role of task complexity [J]. *The Modern Language Journal* 99: 656-677.

Kormos, J. 2015. Differences across modality of performance: An investigation of linguistic and discourse complexity in narrative tasks [A]. In H. Byrnes & R. Manchón (eds.). *Task-based L2 Language Learning* [C]. Philadelphia: John Benjamins. 193-211.

Krashen, S. 1985. *The Input Hypothesis* [M]. London: Longman.

Kuiken, F. & I. Vedder. 2011. Task performance in L2 writing and speaking: The effect of mode [A]. In P. Robinson (ed.). *Second Language Task Complexity* [C]. Amsterdam: Benjamins. 91-104.

Lantolf, J. P. & A. Pavlenko. 1995. Sociocultural theory and second language acquisition [J]. *Annual Review of Applied Linguistics* 15: 108-124.

Levine, G. S. 2014. Principles for code choice in the foreign language classroom: A focus on grammaring [J]. *Language Teaching* 47: 332-348.

Li, S. & M. Fu. 2019. The association between cognitive aptitude and oral task performance under instructional conditions with or without pretask grammar instruction [A]. In M. Sato & S. Loewen (eds.). *Evidence-based Second Language Pedagogy* [C]. New York: Routledge. 168-187.

Long, M. H. 1996. The role of the linguistic environment in second language acquisition [A]. In W. C. Ritchie & T. K. Bhatia (eds.). *Handbook of Second Language Acquisition* [C]. New York: Academic Press. 413-468.

Lyster, R. 2004. Differential effects of prompts and recasts in form-focused instruction [J]. *Studies in Second Language Acquisition* 26: 399-432.

Lyster, R. 2015. The relative effectiveness of corrective feedback in classroom interaction [A]. In N. Markee (ed.). *The Handbook of Classroom Discourse and Interaction* [C]. Chichester: Wiley Blackwell. 213-228.

Matsumoto, Y. 2019. Material moments: Teacher and student use of materials in multilingual writing classroom interactions [J]. *The Modern Language Journal* 103: 179-204.

Matsumoto, Y. & A. M. Dobs. 2017. Pedagogical gestures as interactional resources for teaching and learning tense and aspect in the ESL grammar classroom [J]. *Language Learning* 67: 7-42.

Newton, J. 2013. Incidental vocabulary learning in classroom communication tasks [J]. *Language Teaching Research* 17: 164-187.

Nobuyoshi, J. & R. Ellis. 1993. Focused communication tasks and second language acquisition [J]. *ELT Journal* 47: 203-210.

Philp, J., R. Adams & N. Iwashita. 2014. *Peer Interaction and Second Language Learning* [M]. New York: Routledge.

Pica, T., F. Lincoln-Porter, D. Paninos & J. Linnell. 1996. Language learners' interaction: How does it address the input, output, and feedback needs of L2 learners? [J]. *TESOL Quarterly* 30: 59-84.

Pica, T., R. Young & C. Doughty. 1987. The impact of interaction on comprehension [J]. *TESOL Quarterly* 21: 737-758.

Rassaei, E. 2014. Scaffolded feedback, recasts, and L2 development: A sociocultural perspective [J]. *The Modern Language Journal* 98: 417-431.

Révész, A. 2011. Task complexity, focus on L2 constructions, and individual differences: A classroom-based study [J]. *The Modern Language Journal* 95: 162-181.

Révész, A. 2012. Working memory and the observed effectiveness of recasts on different outcome measures [J]. *Language Learning* 62: 93-132.

Saito, K. & R. Lyster. 2012. Effects of form-focused instruction and corrective feedback on L2 pronunciation development of /ɹ/ by Japanese learners of English [J]. *Language Learning* 62: 595-633.

Sato, M. 2013. Beliefs about peer interaction and peer corrective feedback: Efficacy of classroom intervention [J]. *The Modern Language Journal* 97: 611-633.

Sato, M. 2017. Interaction mindsets, interactional behaviors, and L2 development: An affective-social-cognitive model [J]. *Language Learning* 67: 249-283.

Schmidt, R. 1990. The role of consciousness in second language learning [J]. *Applied Linguistics* 11: 129-158.

Schulz, R. 1996. Focus on form in the foreign language classroom: Students' and teachers' views on error correction and the role of grammar [J]. *Foreign Language Annals* 29: 343-364.

Schwartz, M. & N. Gorbatt. 2017. "There is no need for translation: She understands": Teachers' mediation strategies in a bilingual preschool classroom [J]. *The Modern Language Journal* 101: 143-162.

Seedhouse, P. 2004. *The Interactional Architecture of the Language Classroom: A Conversation Analysis Perspective* [M]. Malden: Blackwell.

Sheen, Y. 2008. Recasts, language anxiety, modified output, and L2 learning [J]. *Language Learning* 58: 835-874.

Sheen, Y. & R. Ellis. 2011. Corrective feedback in language teaching [A]. In E. Hinkel (ed.). *Handbook of Research in Second Language Teaching and Learning* [C]. New York: Routledge. 593-610.

Swain, M. 2005. The output hypothesis: Theory and research [A]. In Hinkel, E (ed.). *Handbook of Research in Second Language Teaching and Learning* [C]. New York: Routledge. 471-483.

Swain, M. & S. Lapkin. 1998. Interaction and second language learning: Two adolescent French immersion students working together [J]. *The Modern Language Journal* 82: 320-337.

Williams, J. 2001. The effectiveness of spontaneous attention to form [J]. *System* 29: 325-340.

Xu, J. & J. Kou. 2018. Group interaction strategies and students' oral performance in Chinese EFL classrooms [J]. *TESOL Quarterly* 52: 198-209.

Xu, J., Y. Fan & Q. Xu. 2019. EFL learners' corrective feedback decision-making in task-based peer interaction [J]. *Language Awareness* 28: 329-347.

Ziegler, N. 2016. Synchronous computer-mediated communication and interaction: A Meta-analysis [J]. *Studies in Second Language Acquisition* 38: 553-586.

黄均钧，2019，合作学习活动参与者的语言社会化——基于一位"敢发言"学生的个案研究 [J]，《外语教育研究前沿》（4）：70-79。

李丹丽，2012，二语课堂互动话语中教师"支架"的构建 [J]，《外语教学与研究》（4）：572-584。

徐锦芬，2016，大学英语课堂小组互动中的同伴支架研究 [J]，《外语与外语教学》（1）：15-23。

徐锦芬、龙在波，2020a，后结构主义视域下国际二语课堂话语研究 [J]，《现代外语》（6）：854-864。

徐锦芬、龙在波，2020b，技术调节外语教学研究中的理论意识 [J]，《外语电化教学》（1）：38-44。

徐锦芬、龙在波，2020c，外语教学中的能动性研究 [J]，《解放军外国语学院学报》（5）：93-100。

通信地址：430074　湖北省武汉市洪山区珞瑜路1037号华中科技大学外国语学院
作者简介：龙在波，华中科技大学外国语学院博士研究生，研究方向为二语习得、应用语言学。
Email: allenlongy@qq.com
徐锦芬，华中科技大学外国语学院教授，博士，博士生导师，研究方向为二语习得、外语教育、教师发展。
Email: xujinfen@hust.edu.cn

"把"字句二语习得研究述评

上海交通大学　孙奇玉　常　辉

提要： "把"字句是汉语中最具特色的一种句式之一，"把"字句一直以来都受到国内外学者关注。虽然与之相关的本体研究可追溯到1924年，但直到1993年靳洪刚首次将"把"字句和二语习得结合起来，相关的二语习得研究才陆续出现，目前还比较有限。本文首先回顾形式语言学和认知语言学视角有关"把"字句的二语习得研究，然后从内容与方法两个方面分别对两个视角的研究做出评析，最后指出该领域目前的进展情况和存在的问题，为今后的"把"字句二语习得研究提供参考。

关键词： "把"字句二语习得；内容与方法；形式语言学；认知语言学

1. 引言

　　"把"字句的研究最早可追溯到黎锦熙1924年在《新著国语文法》中提出的"提宾说"，自此之后，关于"把"字句的研究便如火如荼地开展起来。目前对"把"字句本体的讨论主要集中在"把"字句的生成方式、构成成分以及语法意义三个方面。关于"把"字句生成方式的主要观点除最初的"提宾说"外，还有"受事主语说"（朱德熙 1982）和"提主说"（沈阳 1997）；"把"字句构成成分的研究则关注"把"的词性、"把"后名词的性质以及谓语动词的性质；"把"字句语法意义方面的观点主要有"处置说"（王力 1985；沈家煊 2002）和"致使说"（Sybesma 1999；郭锐 2003，2009；叶向阳 2004）。

　　然而，与丰富的"把"字句本体研究相比，有关"把"字句习得的研究比较少，相关的二语习得研究则更少，并且以往的研究热点在于从对外汉语教学角度对汉语二语学习者的"把"字句表现进行偏误分析，总结、描述不同"把"字句句式的习得顺序或偏误类型和原因（罗青松 1999；史立辉 2004；奥列格 2017等），从语言的普遍原则和"把"字句的内在特性着手的"把"

字句的二语习得研究却非常少，主要集中于形式语言学和认知语言学视角。本文着重回顾这两类"把"字句二语习得研究，并结合偏误分析视角的相关研究对其进行述评。

2. 文献回顾

2.1　形式语言学视角

在本体研究和一些"把"字句母语习得研究的基础上，Jin（1992）、靳洪刚（1993）首次进行了"把"字句的二语习得研究，考察了以"主语突出"（subject prominent）的英语为母语的汉语学习者"把"字句的习得过程，认为他们学习"话题突出"（topic prominent）的汉语是"语用化"过程。研究采用三种测试方法：语法判断任务、"把"字句翻译任务及图片诱导的故事陈述任务。结果表明，英语背景的汉语二语学习者习得"把"字句的过程是从"主语突出"语言向"话题突出"语言转移的过程。研究还揭示了汉语学习者"把"字句的习得过程存在先后顺序，即语法意义明确，主题突出的"把"字句习得先于语用意义突出，基于上下文确定的"把"字句。

熊文新（1996）通过"汉语中介语语料库"中英语、日语和韩语背景的汉语学习者的书面产出，考察了母语背景、汉语水平、性格和性别因素对汉语二语者"把"字句习得的影响，发现语言类型和汉语水平都对"把"字句的习得有显著影响：主语突出的印欧语系背景的学生习得情况不如话题突出型语言的学生；汉语水平越高，"把"字句的使用频率越高，出错频率越低，语义模式越趋同于汉语课本。而性格和性别因素没有显著影响汉语学习者对"把"字句的习得。

Zhang（2002）以中介语假说（Interlanguage Hypothesis）和U型发展假说（U-shaped Developmental Hypothesis)为理论框架，探究了不同汉语水平的英语背景的汉语学习者对于六种"把"字句特性的习得情况，以考察二语学习者"把"字句的发展过程。六种特性包括"把"字句的语序、可以进入"把"字句的谓语动词、"把"字句中结果补语、趋向补语、体标记"了"和重叠式谓语动词的使用。研究采用了语法判断任务、翻译任务和图片诱导产出任务。语法判断任务结果显示，二语者的表现与母语者有较大差异。从二语习得者在六种"把"字句特性习得的情况上看，掌握情况最好的依次为语序、体标记"了"和动词选择，表现最差的为趋向补语、重叠动词和结果补语。Zhang还发现，二语者对这六种特性的习得情况全都遵循U型发展模式。然而，作者没有给出选择那六类特性的原因，也没有详细讨论翻译任务和图片诱导产出任务的结果。

黄月圆、杨素英（2004）采用语法判断、句型转换和造句三项任务，从情状类型考察了英语背景的汉语学习者"把"字句的习得状况。研究发现英语母语者能明显意识到"把"字句的终结性语义，与语言习得中"情状假设"[1]的习得倾向吻合。另外，研究还揭示了中等水平的英语母语者在"把"字句测试中存在泛化倾向，且程度与测试类型有关，在句型转换任务中的表现远远好于判断任务。

Du（2004）采用Liu（1997）的体分析（Aspectual Analysis）理论框架，考察了不同汉语水平的英语母语者对"把"后名词有定特性和动词短语复杂特性的习得情况。其中，动词短语涉及两种结构："动词+结果补语"和"动词+体标记'了'"。研究采用了视频诱导产出任务和语法判断任务，发现就动词短语整体而言，虽然汉语二语学习者在产出实验中比汉语母语者产出的"把"字句更少，但他们对于句子的语法判断与母语者没有显著差异。即便如此，对于动词短语为"动词+结果补语"结构的"把"字句，二语习得者的表现比母语者差很多。关于"把"后名词的有定性的习得情况，由于实验设计缺陷，没能得出结论。研究还发现，无论在产出任务中还是语法判断任务中都不存在明显的"把"字句发展趋势。另外，作者还提出，由于汉语母语者对于"把"字句语法判断存在差异，需要对使用标准汉语的母语者如何使用"把"字句进行更系统的研究，尤其是接触过汉语方言的母语者。

Xu（2011，2012）在接口假说（Interface Hypothesis）理论框架内对比了英语背景的汉语学习者对"把"字句的语序、动词短语的复杂性、"把"后名词短语的"受影响性"（affectedness）以及使用"把"字句的语境的习得情况，并考察了受试对必须使用"把"字句（obligatory *Ba* construction）和可选择使用"把"字句（optional *Ba* construction）的习得差异情况。研究采用了两项语法判断任务和一项不同语境中的句子接受倾向任务（"把"字句vs.主动宾句），发现汉语母语者在不同特性上准确率都比较高，但在句法—语用接口（当"把"后名词在语境中充当第二话题（secondary topic）时，应当使用"把"字句，否则应使用主动宾句）的变异性更大。所有汉语二语组在核心句法特性（"把"字句语序为SOV的特性）上的得分显著高于接口特性，核心句法特性的优势是存在的，实验结果支持了接口假说。

Yang（2013）以多选性理论（optionality）为框架，采用了诱导产出任务和接受度判断任务，发现普通话的"把"字句对于操粤语的人来说是可习得的，但在产出实验中，他们产出的"把"字句数量（占所有产出句子70%）低于普通话单语者（占所有产出句子80%），其中"位移类"和"处置类""把"字句分别占他们所产出"把"字句的68%和72%，普通话单语者则

---

1 黄月圆和杨素英（2004：52）："在语言的时体习得过程中，无论是第一语言还是二语的习得者都倾向于优先给非终结性动词加注标记，学者们把这一普遍倾向归纳成'情状假设'（Aspect Hypothesis）"。

分别为83%和93%，表明"处置类""把"字句使用更加广泛。另外，粤语单语者在接受度判断任务中的表现与产出任务中不一致：他们更倾向于接受"位移类""把"字句和非"把"字句。粤语单语者在中介语语法中表现出的不确定性证实了Sorace（2000）提出的多选性理论。

Gao（2014）考察了语言特性难度（linguistic difficulty）和任务类型（task type）对汉语二语学习者"把"字句使用的影响。研究采用了视频诱导口头产出任务、口头模仿任务、语法判断任务和改错任务，同时还在任务结束后进行了一对一访谈。研究结果表明，对于汉语学习者而言，习得功能限制条件下的"把"字句比强制句法限制条件下的"把"字句更难，且口语任务比元语言任务[2]更有挑战性。

姜有顺（2018a）将"把"字句谓语动词的五个语义特征概括为"及物"和"有界"两个特征，使用句子接受度判断任务考察了母语为泰语和哈萨克语的高级汉语学习者对这两个语义特征的习得情况。研究发现，动词上的及物性和有界性会影响"把"字句的可接受程度。"有界"特征是动词做"把"字句谓语的必要条件，"及物"特征是动词做"把"字句谓语的充分条件。这两个语义特征的典型性影响动词的习得顺序：汉语二语者优先习得"把"字句中同时满足"有界"和"及物"两个特征的动词，其次是一个特征都不具备的动词，最后习得只满足"有界"特征的动词。另外，母语背景也影响汉语学习者对"把"字句谓语动词语义特征和非典型"把"字句的接受程度。

吴建设、莫修云（2018）通过图片诱导产出任务、语法判断任务以及产出型词汇任务分别考察了丹麦语和韩语背景的汉语学习者"把"字句使用情况、"把"字句语法知识及其判断信心和汉语词汇知识，发现汉语词汇知识除显著影响"把"字句的使用外，还对汉语学习者的"把"字句与非"把"字句的判断信心有显著影响，但对"把"字句与非"把"字句的语法知识都没有显著影响。另外，同汉语词汇知识对"把"字句使用的影响相比，语言类型对其使用的影响更为重要：虽然在测试中韩语组的语言能力显著优于丹麦组，丹麦汉语学习者在"把"字句的正确使用频率上却显著高于韩语组，而语法知识等其他因素并不受语言类型影响。此研究还考察了上述各因素之间在不同语言类型组别内的较为复杂的联系，发现在两个组别中，"把"字句的使用都与非"把"字句语法知识的掌握情况呈负相关，但与两类句子的判断信心存在不显著正相关；就语法知识而言，丹麦汉语学习者"把"字句的使用与"把"字句的语法知识存在显著正相关，而韩国组呈弱正相关。

---

2 元语言任务包括偏好决定任务、接受度判断任务、语法判断任务、改错任务等等。

　　姜有顺（2020）采用了句子语义可接受度判断任务，考察了泰语和哈萨克语背景的高级汉语学习者对谓语是动结式的"把"字句的不同题元关系的习得顺序和接受水平。研究表明，汉语学习者对"把"字句题元关系的习得顺序受题元关系的典型性[3]影响：题元关系典型性越低，学习者的理解水平就越低。另外，汉语学习者的母语语序和论元实现也影响其对"把"字句题元关系的接受程度：泰语母语者表现出对"把"字句典型题元关系的偏向，而哈萨克语母语者对非典型题元关系的接受度显著高于泰语母语者。整体而言，哈萨克语母语者对"把"字句题元关系的理解水平高于泰语母语者。

2.2　认知语言学视角

　　Wen（2010）采用两个"把"字句诱导产出任务考察了英语背景的汉语学习者对位移意义"把"字句的习得情况。其中，第一个任务为根据图片回答问题，未明确告知受试使用"把"字句，第二个任务为语法填空和根据图片用"把"字句造句，分别对受试有一定的和明确的提示使用"把"字句。研究结果表明，初级水平的汉语学习者已经可以产出形式和意义之间一对一关系比较明确的最基本的"把"字句。随着汉语水平的提升，产出的"把"字句形式也更多变，而近似母语者"把"字句的句式产出只出现在高级汉语水平的二语者中。有的学习者虽然不能在自然环境中产出"把"字句，但在有明确提示或要求的情况下可以使用"把"字句。

　　Wen（2012）基于形式—意义联结（Form-Meaning Mapping）理论考察了英语背景的汉语学习者"把"字句的习得情况，实验任务为根据图片以书面形式回答问题。研究发现，即使是初级汉语水平的学习者也可以产出"把"字句，但产出数量远低于母语组。受试基本正确的句法和语义组织以及初级阶段动词补语成分的缺失表明汉语学习者在将"把"字结构的功能概念化。另外，较低水平的学习者一致使用更简单的动词补语结构，这些补语呈现了更透明的形式—意义映射，类似母语者的表现在高级汉语水平组才开始出现。

　　姜有顺（2018b）通过句子语义分类任务考察了不同汉语水平的汉语二语者对"把"字句的构式语义的习得情况，且没有区分汉语学习者的母语背景。研究发现，汉语水平影响学习者对"把"字句的构式表征水平，高水平的汉语学习者已呈现出近乎母语者的"把"字句构式的认知表征，即"位移"和"转化"两种构式，"动相（motional aspect）""把"字句不具有构式表征，而

---

　　3 姜有顺（2020）在研究中将"把"字句中NP1和NP2的十一种题元关系分成了四组，这四组题元关系构成了一个典型性级阶，其中NP1为施事、NP2为受事时最典型，NP1为系事、NP2为施事或受事时最不典型。

中级汉语学习者主要通过对句子谓语意义的浅表加工来理解"把"字句。汉语学习者对"把"字句构式的习得顺序受其意义抽象程度影响，依次为位移构式、转化构式和动相句式，且呈现出跨语言的特点。

3. 述评

本节将结合"把"字句的偏误分析研究，从内容和方法两个方面对形式语言学视角和认知语言学视角的"把"字句二语习得相关研究进行讨论，并指出存在的问题，为未来的研究提供思路和方向。

3.1　形式语言学视角

3.1.1　内容

就研究内容而言，形式语言学视角的研究主要考察"把"字句一些特性的习得顺序、产出和理解间的不对称性以及影响"把"字句使用的可能因素。

首先，关于"把"字句习得顺序方面的研究表明，动词词组"动词+体标记'了'"以及"把"字句语序等特性会被汉语学习者优先习得，而形义较为复杂的动词词组，如"动词+结果补语"以及语用特性习得较晚（Zhang 2002；Du 2004；Xu 2012）。但关于可选使用的"把"字句和必须使用的"把"字句习得情况存在争议，Xu（2012）发现，汉语学习者对于可选使用的"把"字句习得好于必须使用的"把"字句，而Gao（2014）则发现汉语学习者对于前者的习得难于后者。与"把"字句本体研究和偏误分析视角的研究相比较，形式语言学视角的研究关注的内容目前还相对狭窄，一些本体研究广泛讨论的"把"字句内在特性还并未得到足够关注。比如"把"后名词NP2的有定性或确指性，只有极少数学者（Du 2004；Lee 2018）尝试探究过二语者对其的习得情况，却也因实验设计或理论缺陷没能得出有效结论。再如"把"字句中的状语习得情况，一直以来得到较多偏误分析研究的关注（朱虹2015；唐诗2018等），形式语言学视角的研究却未关注过。

其次，"把"字句的产出和理解间的不对称现象的研究比较一致地支持二语学习者往往比母语者产出更少的"把"字句，但在"把"字句的理解方面，结论不尽一致。Du（2004）发现在语法判断任务中，高水平二语者与母语者表现无显著不同。Gao（2014）也发现对汉语学习者而言，元语言任务不像口语任务那样具有挑战性。而Zhang（2002）在语法判断任务中却发现二语者表现远不及母语者。Yang（2013）在研究中报道，虽然粤语单语者和普通话单语者都会产出更多的"处置类""把"字句，粤语单语者却更倾向接受"位移类""把"字句。然而，有偏误分析视角的研究提出，高水平的二语者"把"

字句的回避问题并不严重，汉语学习者使用"把"字句的频率并不低，甚至比母语者还高一点（张宝林 2010）。这可能与不同的任务类型有关。张宝林（2010）以"HSK 动态作文语料库"为语料来源进行研究分析，认为汉语二语者在考试状态下的语言输出，受试会更加严谨，而二语者在实验条件下的语言输出相对更加随意。另一方面，这与不同研究中对受试汉语水平进行划分的标准不尽相同有关，比如 Du（2004）根据受试在美国国防学院学习汉语的时间长短划分受试的汉语水平，Zhang（2002）没有明确说明根据什么标准进行汉语水平分组。

另外，还有一部分研究关注影响"把"字句理解或使用的可能因素。姜有顺（2018a，2020）发现，动词及物性、有界性、母语类型、"把"字句题元关系的典型性几个因素都影响"把"字句的可接受程度。同样，熊文新（1996）和吴建设、莫修云（2018）也发现语言类型对"把"字句的使用有影响。此外，汉语水平也是影响二语者"把"字句习得情况的重要因素。熊文新（1996）发现汉语水平越高，汉语二语者掌握"把"字句情况越好。此类研究还发现任务类型会影响"把"字句的使用（黄月圆、杨素英 2005；Gao 2014；Zhang 2019）。然而，关于影响二语者"把"字句理解和使用的因素的探讨并不够充分，可以在为数不多的"把"字句一语习得相关研究基础上进行更多的探究，比如，"把"后名词的有生性、有定性和代词化等因素都极有可能影响汉语学习者"把"字句的习得和使用，值得进一步挖掘。

最后，就研究对象而言，多数形式语言学视角的研究以英语背景的汉语学习者为考察对象（Jin 1992；Zhang 2002；黄月圆、杨素英 2004；Du 2004；Xu 2012），只有少数研究考察了其他母语背景学习者的"把"字句习得情况（姜有顺 2018a，2020；吴建设、莫修云 2018）。与此相比较，偏误分析角度的研究涉及的汉语学习者母语背景更为广泛，包含日语、韩语、泰语、老挝语等较多东亚语言背景的以及俄语、西班牙语、匈牙利语、布隆迪语等背景的学习者。另外，很大一部分"把"字句二语习得的研究都忽视了对研究对象母语中可能会影响"把"字句习得的结构的分析。虽然"把"字句是汉语中独有的特殊句式，其他语言中没有词语或者句式能完全对应现代汉语中的"把"字句，但语言类型对"把"字句使用有影响表明不同语言中或多或少会有影响"把"字句习得的因素，比如泰语中的"S+เอา₁+O+V+C"句式在表示空间位移和信息传递方面的语义功能及结构形式与汉语中的"N1+把+N2+V+N3（间接宾语）"完全一致（林才均 2017），台湾闽南话中 ka 字结构在释义和句法表现上与"把"非常相似（Huang *et al.* 2009）等。因此针对汉语二语者的"把"字句习得研究的解释还有待完善。

3.1.2　方法

　　首先，形式语言学视角的"把"字句二语习得研究多采用语义研究路径（黄月圆、杨素英 2004；Yang 2013；姜有顺 2018a；吴建设、莫修云 2018），而偏误分析角度的研究多采用句式研究路径（沈丽丽、李柏令 2014；马培利 2016），侧重于离析"把"字句中的组成成分。就目前的研究而言，无论是语义路径还是句法路径，都有自身的局限性，这与"把"字句本体研究的局限性有关。基于语义分类的"把"字句往往会有遗漏或者重合，比如由于"处置"一词的抽象性，很难判断一些"把"字句是否属于"处置式"把字句（如"我把一个大好机会错过了"），再如Yang（2013）和吴建设、莫修云（2018）研究中所探讨的"处置式"和"位移式""把"字句，实际上"位移式"也有"处置"意义。基于语义分类的"把"字句还会忽视动词短语中的成分（如体标记、介词短语等）对"把"字句可接受度的干扰。基于句式对"把"字句进行分类也会产生遗漏，而且会忽视句法结构相同的"把"字句在语义上的差异或者句法结构不同的"把"字句在语义上的相似性，从而导致缺乏关于二语学习者对"把"字句整体意义感知的考察，也不利于"把"字句的教学。因此，"把"字句本体研究还需要进一步推进，二语习得研究者也需同时考虑"把"字句的句式结构和所表达的意义，才会使结论更加可靠。

　　此外，在形式语言学视角的"把"字句二语习得研究所采用的实验任务中，诱导产出任务和语法判断任务是应用最为广泛的研究方法。相比语法判断任务，句子接受度判断任务在"把"字句二语习得研究中使用较少。然而，即使对于母语者来说，很多时候也很难在完全合乎语法和完全不合乎语法之间做一个清晰的划分，句子的可接受程度总是存在一个梯度变化（Sorace & Keller 2005）。所以句子可接受度判断任务可以更好地捕捉汉语二语者"把"字句习得的细微差异，应该在未来的研究中更多地用来代替语法判断任务。另外，形式语言学视角的"把"字句二语习得研究目前还几乎没有关注在线加工，未来的研究可更多地结合心理学研究范式和手段来获取更多的在线加工证据。

3.2　认知语言学视角

　　相对于形式语言学视角和偏误分析视角的研究，认知语言学视角的"把"字句二语习得研究还非常少。

3.2.1　内容

　　就研究内容而言，认知语言学视角的二语习得研究主要考察汉语二语学习者对"把"字句的形式和意义的表征以及影响因素。Wen（2010，2012）发现初级水平的汉语学习者"把"字句的产出已经呈现出形式和意义之间一对一关系比较明确的映射，但近似母语者的表现只出现在高级汉语水平的二语者中。姜有顺（2018b）也发现，汉语水平影响学习者对"把"字句的构式表征水平，中级水平的汉语学习者主要通过对句子谓语意义的浅表加工来理解"把"字句，而高级水平的汉语学习者表征水平类似母语者。然而，对影响汉语学习者"把"字句表征水平因素的探究还远远不够。比如，方昱（2019）发现"把"后名词的已知性、句子的长度和句式的并列等词汇和句法因素以及计算认知科学中的依存距离和惊异值都会影响汉语母语者"把"字句的使用，而这些因素是否会影响汉语二语者"把"字句的表征和认知还未曾有学者关注。

3.2.2　方法

在研究方法方面，认知语言学视角的"把"字句二语习得研究多采用句法、语义相结合的研究路径。如上文所述，相比于形式语言学视角多数研究所采用的语义研究路径和偏误分析研究所采用的句式研究路径，句法、语义相结合的路径能够在考察汉语学习者对"把"字句整体表征或感知的同时，更好地控制句式因素的影响。

另外，目前认知语言学视角的"把"字句二语习得研究也鲜有涉及二语者"把"字句的在线加工（高立群、李凌 2002）。因此，今后可尝试以在线加工的方式关注汉语二语学习者的心理过程，考察二语者"把"字句的表征问题，为目前的研究提供更多证据，并揭示更为可靠的规律。

最后，无论认知语言学还是形式语言学视角的"把"字句二语习得研究，都多为共时的，只有极少数偏误分析视角的研究对研究对象进行了历时动态性追踪（薛羽 2012），探讨了"把"字句的习得顺序。而如上文所述，即使部分共时研究通过区分受试的汉语水平也探究了"把"字句习得顺序（Zhang 2002；Wen 2012等），学者们采用的汉语水平划分标准也不尽一致，难以准确描述"把"字句习得的过程。因此，未来的"把"字句二语习得研究可借鉴儿童"把"字句习得中较为广泛的研究模式（杨小璐、肖丹 2008；常辉、郑丽娜 2017等），进行历时跟踪调查研究，更好地把握和描述汉语二语学习者的"把"字句习得过程。

4. 结语

"把"字句作为汉语中最有特色的句式之一，一直以来都得到很多学者的关注，无论本体研究还是习得研究都得到了很大推进，但目前相关的二语习得研究数量还非常有限，无论形式语言学视角还是认知语言学视角的研究，研究内容都有待进一步扩展，研究方法也仍需不断完善。

参考文献

Du, H. 2004. The acquisition of the Chinese Ba-construction by adult second language learners [D].
Tucson: University of Arizona.

Gao, X. 2014. The interface of linguistic difficulty and task type on the use of the Chinese ba construction by L2 learners [J]. *Chinese as a Second Language Research* 3: 27-51.

Huang, C.-T., Y. H. A. Li & Y. Li. 2009. *The Syntax of Chinese* [M]. Cambridge: Cambridge University Press.

Jin, H. 1992. Pragmaticization and the L2 acquisition of Chinese Ba constructions [J]. *Journal of the Chinese Language Teachers Association* 18: 33-52.

Lee, S. Van Der. 2018. An investigation into the acquisition of the BA construction in mandarin for second language [D]. Leiden: Leiden University.

Liu, F. 1997. An aspectual analysis of BA [J]. *Journal of East Asian Linguistics* 6: 51-99.

Sorace, A. 2000. Syntactic optionality in non-native grammars [J]. *Second Language Research* 16: 93-102.

Sorace, A. & F. Keller. 2005. Gradience in linguistic data [J]. *Lingua* 115: 1497-1524.

Sybesma, R. 1999. *The Mandarin VP* [M]. Dordrecht: Kluwer Academic Publishers.

Wen, X. 2010. Acquisition of the displacement BA-construction by English-speaking learners of Chinese [J]. *Journal of the Chinese Language Teachers Association* 45: 73-99.

Wen, X. 2012. A daunting task? The acquisition of the Chinese ba-construction by nonnative speakers of Chinese [J]. *Journal of Chinses Linguistics* 40: 216-240.

Xu, H. 2011. The acquisition of some properties of the BA construction by English-speaking learners of Chinese [R]. Proceedings of the 23rd North American Conference on Chinese Linguistics, University of Oregon.

Xu, H. 2012. The Acquisition of the BA construction by English-speaking learners of Chinese [D]. Lawrence: University of Kansas.

Yang, Y. 2013. Optionality in the acquisition of mandarin ba-construction by Cantonese learners of mandarin [D]. Hong Kong: The Chinese University of Hong Kong.

Zhang, L. 2019. Alignment effects of the continuation task on L2 Chinese writing [J]. *Chinese as a Second Language Research* 8: 227-248.

Zhang, S. 2002. Second language acquisition of the Ba construction [D]. Los Angeles: University of Southern California.

奥列格，2017，俄罗斯学生"把"字句偏误分析及教学建议 [D]。哈尔滨：哈尔滨师范大学。

常辉、郑丽娜，2017，儿童普通话"把"字句发展个案跟踪研究 [J]，《语言文字应用》（1）：98-106。

方昱，2019，把字句的多元分析及计算认知研究 [D]。博士学位论文。杭州：浙江大学。

高立群、李凌，2002，外国学生汉语"把"字句认知图式的实验研究 [A]，2002年国际汉语教学学术研讨会 [C]。北京：北京语言大学对外汉语研究中心。276-296。

郭锐，2003，把字句的语义构造和论元结构 [A]，《语言学论丛（第28辑）》[C]，北京：商务印书馆。

郭锐，2009，致使的语义类型和"把"字句的语义差异 [R]，第十七届国际中国语言学学会论文，巴黎。

黄月圆、杨素英，2004，汉语作为第二语言的"把"字句习得研究 [J]，《世界汉语教学》（1）：49-59。

姜有顺，2018a，母语为泰语和哈萨克语的汉语高级学习者对"把"字句谓语动词语义特征的习得 [J]，《世界汉语教学》（1）：126-142。

姜有顺，2018b，基于构式语法的汉语母语者和二语者"把"字句意义表征研究姜有顺 [J]，《解放军外国语学院学报》（3）：60-67。

姜有顺，2020，高级汉语二语学习者对谓语是动结式的"把"字句题元关系的习得 [J]，《世界汉语教学》（2）：245-259。

靳洪刚，1993，从汉语的"把"字句看语言分类规律在第二语言习得过程中的作用 [J]，《语言研究》（2）：83-91。

黎锦熙，1924，《新著国语文法》[M]。北京：商务印书馆。

林才均，2017，基于语料库的初级阶段泰国学生"把"字句习得考察 [J]，《海外华文教育》（6）：836-847。

罗青松，1999，外国人汉语学习过程中的回避策略分析 [J]，《北京大学学报（哲学社会科学版）》（6）：130-134。

马培利，2016，韩国学生"把"字句习得考察及其教学对策——以HSK动态作文语料库为基础 [D]。硕士学位论文。郑州：郑州大学。

沈家煊，2002，如何处置处置式——论把字句的主观性 [J]，《中国语文》（5）：387-399。

沈丽丽、李柏令，2014，基于语料库的韩国留学生"把"字句习得偏误分析及教学建议 [J]，《现代语文（语言研究版）》（2）：86-89。

沈阳，1997，名词短语的多重移位形式及把字句的构造过程与语义解释 [J]，《中国语文》（6）：402-414。

史立辉，2004，初级阶段韩国留学生"把"字句偏误分析 [D]。硕士学位论文。延边：延边大学。

唐诗，2018，母语为西班牙语的汉语学习者"把"字句和"被"字句的偏误研究 [D]，硕士学位论文。南京：南京师范大学。

王力，1985，《中国现代语法》[M]。北京：商务印书馆。

吴建设、莫修云，2018，语言类型学视角下外国留学生的"把"字句习得研究 [J]，《汉语学习》（5）：77-85。

熊文新，1996，留学生"把"字结构的表现分析 [J]，《世界汉语教学》（1）：80-87。

薛羽，2012，初中级水平留学生习得"把"字句的发展过程研究——以两名受试的追踪口语语料为例 [D]。硕士学位论文。南京：南京大学。

杨小璐、肖丹，2008，现代汉语把字句习得的个案研究 [J]，《当代语言学》（3）：200-210。

叶向阳，2004，"把"字句的致使性解释 [J]，《世界汉语教学》（2）：25-39。

张宝林，2010，回避与泛化——基于"HSK动态作文语料库"的"把"字句习得考察 [J]，《世界汉语教学》（2）：263-278。

朱虹，2015，韩国本土汉语学习者学习"把"字句偏误分析及实验教学研究 [D]。博士学位论文。长春：吉林大学。

朱德熙，1982，《语法讲义》[M]。北京：商务印书馆。

通信地址： 200240　上海市闵行区东川路800号上海交通大学外国语学院

作者简介： 孙奇玉，上海交通大学外国语学院硕士研究生，研究方向为二语习得。
　　　　　　Email: sunqiyu@sjtu.edu.cn
　　　　　　常辉，上海交通大学外国语学院教授，博士生导师，研究方向为二语习得。
　　　　　　Email: jameschanghui@163.com

二语习得与课堂教学

——《Routledge 课堂二语习得手册》述评

上海外国语大学　**杨顺娥**

Loewen Shawn & Masatoshi Sato. (2017). *The Routledge Handbook of Instructed Second Language Acquisition*. New York & London. xviii+619pp.

1. 引言

目前，语言教学理论研究与二语习得实际教学之间确实存在着"鸿沟"，无论围绕着二语习得是否应该以指导教学为目标，还是教学是否有利于二语习得，学界一直非常关注且争议不断但这一"争议"恰好就让这本《Routledge课堂二语习得手册》给彻底解决了。《手册》成功地把二语习得与语言教学联系起来，明确将课堂二语习得界定为二语习得的一个子领域，认为课堂环境是区分课堂二语习得和自然二语习得的关键标识，即：课堂二语习得的典型环境是二语课堂，课堂二语习得的主要目的是"理解系统地操纵学习机制或它们发生的条件是否能够促进以及如何促进一种语言的发展和习得"（Loewen 2015：5），集中探讨了二语习得对教学实践的积极影响，并系统总结了这一领域最新最前沿的研究成果。

2. 内容简介

这部多达32章的鸿篇巨制，具体分别由45位世界知名专家以及该领域的新兴研究人员撰写。根据各章讨论目的、主题及其相关性，《手册》可归结为六大部分。

第一部分（第1章）是绪论部分，也是整部著作的灵魂，重点界定了课堂二语习得的定义、研究范围及其目标。作者将课堂二语习得定义为"基于理论与实证的学术探索,探索如何系统地操控学习机制和学习机制发生的条件,以促进学习者发展和习得母语之外的其他语言"（Loewen & Sato 2017：2）。作者指出,课堂二语习得主要在于回答课堂教学是否有益于二语学习、如果有益,如何优化教学的有效性这两个问题。因此,作者在这里创造性地回答并论证了二语习得理论与课堂二语习得之间的关系,拨开了一直以来困扰学界认识的迷雾。但作者同时也指出,并不是所有二语习得理论都支持教学有价值这一观点（如普遍语法、先天论等）,然而《手册》仅讨论那些认为教学对二语习得产生有益影响的理论,如技能习得理论、输入加工理论等。

第二部分（即第2—11章）是理论性最强且最不易于直接用于课堂教学的部分,但对于了解课堂二语习得的目标以及如何实现这些目标却是非常关键的。

一方面,作者首先详细剖析了与二语习得基本知识以及基本技能相关的一些问题（如陈述性/程序性知识等）,说明了课堂二语习得的目标是达到自动化的程序性知识、影响程序性知识习得以及与课堂教学相关的不同变量（包括分散性练习等）。接着讨论了二语加工机制以及教学环境中不同的二语学习类型的作用,在梳理了有意学习和附带学习的定义、研究目标、研究方法、研究发现的基础上,作者指出了课堂二语习得在这一领域未来的三个研究方向。紧接着概述了衡量二语使用（能力）的三个根本维度——复杂度（complexity）、准确度（accuracy）和流利度（fluency）;同时指出目前研究者达成的基本共识:这三个维度是衡量二语使用和发展的一个非常有效的方法,但人们对于如何准确定义和测量这几个概念还没有完全达成一致,也很少有人通过这三个维度来衡量教学效果,这些都是课堂二语习得领域的未来研究方向。最后,作者还从社会文化理论视角探讨了课堂二语习得,主要讨论了社会文化理论在更好地理解二语学习过程以及帮助教师更好更准确地进行教学决策（如纠正性反馈等）中的重要作用、在社会文化理论中影响习得的多种因素、社会文化理论对二语教学的启示及今后的研究方向。

另一方面,简要概述了多种不同类型的二语教学方法,比如基于内容的教学法、任务型教学法、互动论视角下的课堂二语习得研究、概念教学法、输入加工教学以及课堂评估等。毋庸置疑,作者从易到难、由浅入深、多维度地全面解析介绍这些方法,必将大大帮助学习者或研究者从不同维度深度认识并灵活驾驭二语教学。

第三部分（第12—17章）通过探讨语言与课堂二语习得之间的关系,明确了二语教学的具体目标（即语言不同方面的习得）。

作者首先重点讨论了作为课堂二语习得领域研究最多的语言项目（语法）的习得以及语法教学在语法知识习得中的作用。在回顾主要的语法教学类型的基础上，作者说明了这些教学方法在不同类型的二语知识习得中发挥的不同作用，由此引出这一领域的理论问题和争议；在梳理语法习得方面一些实证研究的基础上，作者进一步提出了语法教学方面的建议。接着讨论界定了语用和流利度，作者指出，相对于语言的其他方面，语用是课堂二语习得研究的后发领域，传统的语用研究至少包括五个主要领域，而课堂二语习得研究中的语用研究主要指言语行为，是对教学及学习者变量的研究，涉及如何在课堂上用二语对谁说什么、怎么说、称呼语选择、会话管理、语用实例和常规表达的使用等。作者还认为将来语用研究需要加大复制研究的比重，需要分离教学变量、研究各个变量之间的相互作用，需要对语言教师进行再教育，以加强他们语用知识以及语用教学知识。就流利度而言，在强调其重要性的基础上，作者认为提高二语的流利度有助于使其他说话者更加愿意帮助二语学习者参与对话，并对学习者提供输入和互动，从而全面提高学习者的语言习得，进而在回顾相关文献后，介绍了旨在帮助学习者发展流利度的各种课堂活动，并提出了提升口语流利度方面的教学建议及未来研究方向。另外，在讨论二语发音中声学方面和感知方面的内容之外，作者还突出了考虑教学规范的重要性（如本土性和可理解性），并分享了他们的教学观点，包括与发音教学相关的各种要素。就词汇习得和二语写作而言，作者指出，词汇研究的历史，为当前的教学实践提供证据，为教师提供了有用的教学建议。在回顾二语写作在课堂二语习得中的作用以及书面纠正性反馈相关研究的基础上，作者讨论了不同的写作任务或写作提示对学习者的语言产出和语言学习产生的影响、语言在特定的教学环境中的发展方式，同时提出基于最新研究的教学建议，特别是一些与书面纠正反馈相关的建议。

第四部分（第18—20章）论述了二语习得的学习环境。因为课堂二语习得是由学习环境调节的，因此，凡是有效的教学过程都不应被忽视。

首先主要讨论了语境的重要性和理解二语学习需要考虑的社会文化因素（包括二语学习环境）。作者指出，语境影响着学习者接受输入的数量和质量以及他们的不同输入方式和在语言学习中的情感变量。作者以东亚地区为研究对象，提出了不同背景下的二语教学建议以及社会环境领域的研究对二语教学的启示：在考虑语境因素以及学习者特点和需求的同时，应采取灵活的教学方法，注意语境因素和学习者需求的高度配合，应把构建生态学上有效的教学方法作为二语教学的重要目标。另外，作者还提出了二语学习环境领域未来的三个研究方向。接着主要讨论了海外学习（study abroad）与课堂二语习得之间的关系。在介绍了海外学习的现状及背景之后，重点讨论了目前在海外学习领域研究的主要问题及其与课堂二语习得之间的相关性，梳理了海外学习方面的有关实证研究，说明了海外学习效果、个体差异以及海外课程特点对海外学习效果的影响、海外学习课程的特点及其八大特征以及海外学习领域的未来研究方向。在概述计算机辅助语言学习时，作者首先回顾了该领域的发展方向、二语习得研究与计算机辅助语言学习之间的关系以及目前学界在该领域所做的一些实证研究，接着指出了计算机辅助语言学习对二语教学的启示，并列出了Ellis（2005）提出的开展有效二语教学的十大基本原则以及计算机辅助语言学习领域的未来研究方向。最后作者进一步指出，学习不仅是终生的，更是贯穿全部生活的活动；技术将越来越多地让学习者获得多样化和个性化的学习机会；学习者如何才能使用移动资源进行有效学习，以及教师如何才能在这项工作中给予学习者最大的支持。

　　第五部分（第21—27章）主要是依据如下七个方面论述个体差异与课堂二语习得之间的关系，重点讨论了影响课堂二语习得过程和教学效果的个体差异。

　　首先讨论了课堂二语习得中社会性方面的个体差异对学习者习得效果的影响。在回顾与当前课堂二语习得研究相关的一些关键性社会维度（如社会结构、民族等）的基础上，作者指出人们对社会差异的认知和偏见最终会影响其二语习得结果，同时列出了一系列影响课堂二语习得的社会因素的实证证据，并强调社会方面的因素和差异对二语习得的影响是非常大的，只是旁观者不一定能看得到，最后提出了一些供教师参考的教学建议。作者接着讨论了学习者认知方面的个体差异，侧重认知维度，特别是语言能力和工作记忆。在梳理了学习者认知方面的个体差异与教学类型之间关系的研究之后，作者明确指出，在课堂上需要把学习者类型与适当的教学方法恰当地进行匹配，之后还提出了学习能力和工作记忆领域的未来研究方向。第三，作者还讨论了动机自我相关模型和动态系统理论，首先对二语动机做了简要的理论概述，然后探讨了最重要的二语动机理论与课堂二语习得之间的关系以及二语动机研究的最新发展。在回顾课堂中二语动机研究的实证证据的基础上，进一步讨论了动机研究对二语教学的启示，强调动机是成功课堂学习的关键因素，与课堂二语习得高度相关，还说明了涉及动机的五个关键因素以及未来研究方向。第四，概述了课堂二语习得涉及的心理维度。特别关注了外语焦虑（foreign language anxiety），讨论了外语焦虑与人格特征和人格状态网之间存在的一种动态关系，认为教师完全可以通过各种方式缓解学习者的焦虑并提高他们对外语课程的兴趣，还说明了学习者心理领域的研究对二语习得教学的启示并提出一些教学建议。第五，讨论了教师对二语习得的影响。首先说明了教师个体特征（teacher individual characteristics，TIC）在二语学习过程中的重要作用以及系统地研究这些特征的必要性，指出TIC的研究正在以相当大的速度扩展，更成为近年来课堂二语习得领域讨论的焦点。在回顾有关教师个体特征实证研究的基础上，作者也指出了这一新兴研究领域当前研究中存在的问题、未来研究方向以及对课堂二语习得教师和研究人员的启示。第六，主要讨论了儿童二语学习者的课堂二语习得研究，在回顾儿童课堂二语习得研究的基础上，作者提出一些有关儿童课堂二语习得的教学建议以及该领域的未来研究方向。第七，讨论了教学环境下的继承语习得（Instructed heritage language acquisition，IHLA）。一方面，作者回顾了关于教学环境下的继承语习得少有的现有研究，解决了正规课堂教学是否有助于继承语发展、教学的哪些方面对继承语学习有益等问题。另一方面，在回顾前期研究的基础上，作者认为，和二语学习者一样，继承语学习者同样可以从教学中多多受益。另外，作者还为继承语教师列出了一些宝贵的教学建议、涉及该领域相关实践指导的一些最新文章、书籍以及国家遗产语言资源中心的在线模块。

第六部分（第28—32章）讨论了用于课堂二语习得的主要研究方法。

首先概述了定量研究（quantitative research）方法以及增加定量研究的客观性、系统性和分析方便性的重要性。作者通过回顾课堂二语习得领域最近所做的定量研究得出的结论是，课堂二语习得领域中的方法论意识在逐渐增强。首先重点讨论了课堂二语习得中定量研究涉及的抽样、统计分析和数据汇报三个关键问题，并指出了课堂二语习得领域定量研究的未来研究方向。其次讨论了定性研究（qualitative research）方法。作者提出了定性研究的开放式探究等七大特征和理解定性研究范式中认识论和本体论的重要性等五大问题，并通过抽样研究举例说明了定性研究中这五大问题以及如何使用各种二语习得理论和定性研究来更好地理解语言学习者的动态，指出了课堂二语习得领域定性研究未来的六大研究方向。在梳理以往（准）实验研究中使用的数据收集方法和分析工具的基础上，作者简要概述了基于课堂的语言研究，指出了最常用的课堂研究方法以及该方法在实际研究中出现的一些关键问题以及解决这些问题的方法，重点介绍了基于课堂的研究范例中的八个关键概念以及该领域的未来研究方向。另外还指出，基于课堂的研究除了选择适当的研究设计和数据收集方法外，还有许多其他问题（如霍桑效应等）需要考虑。另外，作者还介绍了三种用于探索课堂二语习得主题的实验方法以及教学环境中实验研究的未来发展方向。作者认为，尽管这些方法主要用于实验室设置，但也可以通过一些修改在教室环境中使用，其具体操作通常反映了关于语言和学习本质的理论观点。因此，课堂二语习得研究可以在不牺牲其方法论严谨性或生态有效性的情况下向前发展。最后讨论的是研究中不可忽视的伦理问题。作者认为，研究人员一则需要遵循制度指南以及制度审查委员会的相关规定，再则在进行课堂研究时需要考虑自己的行为可能产生的后果，随着课堂二语习得领域的飞速发展，伦理方面的考虑对于推进我们的研究已越发必要和重要。

3. 述评

　　《手册》涵盖了从理论基础到实证研究以及实际教学方法的整个领域。《手册》详细介绍了二语习得领域内与课堂教学相关的系列问题，并附有丰富的最新参考文献供读者扩展阅读。《手册》每章都遵循三条或明或暗的主线（即回顾当前的文献和讨论前沿问题、分享作者对问题的理解以及针对这些问题的研究方法、提供研究与实践之间的直接联系），在对过去课堂二语习得研究的梳理中，作者不断捕捉和确定新的、日益增长的兴趣领域。《手册》条理清晰，可读性强，对二语学习和教学感兴趣的高年级本科生、研究生、研究人员、教师及教育者来说，不愧是一本很理想的研学资源或工具书。

　　《手册》的突破性贡献在于把课堂二语习得确定为二语习得中一个独立的子领域，强调了二语习得在语言教学中的作用。相对于其他领域，课堂二语习得与二语教学的关系更为密切，该领域有利于把二语习得研究成果直接应用到教学实践中，从而实现理论指导实践以及实践对理论的检验。

　　《手册》具有很强的时代性。课堂二语习得是一个越来越受到研究者关注的新领域，但对其进行全面深入地讨论的专著并不多见。在新时代背景下，我国高等教育越来越强调教学要回归课堂，因此，它对于我国广大教师研究课堂教学而言，更实属"'好雨'知时节"了。

　　另外，《手册》实用性很强。一方面，在我国的英语教学环境下，学习者通过交际而习得语言的机会很少，语言学习必然要以课堂教学为基础（刘润清1993：33-34）。因此，该著作对我国英语教学实践具有重要的参考价值。另一方面，其实用性还体现在它的可读性上。为了让一线教师更为有效地利用二语习得研究成果，研究者对大量相关研究成果进行了精心提炼并以教师完全能够理解的语言和思路呈现出来，避免了使用艰涩难懂的语言，对一些重要概念进行适当简化处理，并基于广泛的实证总结出更有效的教学经验，从而有助于消除一线教师对二语习得理论与课堂教学实践脱节的顾虑。全书始终围绕的一个根本宗旨是教学有益于二语习得。当然，作者同时也指出课堂二语习得的局限性，即"教学不是在所有情境下都有效"（Loewen & Sato 2017：183）。因此，作者便在总结前面各章的主要内容之后，列出了 Ellis（2010）提出的进行有效课堂二语教学的十大基本原则。

　　总之，作为课堂二语习得的入门性专著，《手册》结构合理、内容翔实、实用性很强，必将为我国广大英语教师进行课堂教学研究提供很好的指导。另外，基于各章节的详细论述，课堂二语习得已达到理论和方法上较高的成熟水平，对将来的实证或理论研究同样意义重大。

参考文献

Ellis, R. 2005. Principles of Instructed Language Acquisition [J]. *Asian EFL Journal* 3: 9-24.

Ellis, R. 2010. Second language acquisition, teacher education and language pedagogy [J]. *Language Teaching* 2: 182-201.

Loewen, S. 2015. *Introduction to Instructed Second Language Acquisition* [M]. New York: Routledge.

Loewen, S. & M. Sato. 2017. *The Routledge Handbook of Instructed Second Language Acquisition* [M]. New York: Routledge.

Spada, N. 2015. SLA research and L2 pedagogy: Misapplications and questions of relevance [J]. *Language Teaching* 48: 69-81.

刘润清，1993，第二语言习得中课堂教学的作用 [J]，《语言教学与研究》（1）：33-34.

通信地址： 200083　上海市虹口区大连西路550号上海外国语大学生活区411号

作者简介： 杨顺娥，上海外国语大学博士研究生，研究方向为二语习得、语料库语言学、英语教学

　　　　　　Email: yangshune@163.com；0184101155@shisu.edu.cn

Abstracts of Major Papers

Research perspectives and context in child SLA: Findings and implications, by Runhan Zhang (p.3)

Children and adults are quite distinct in their characteristics and learning processes. To date, there has been much more SLA research undertaken on adults than on children. However, it is commonly acknowledged that the research findings in the field of adult SLA cannot be generalized to children, which leads to many issues in the field of child SLA awaiting investigation. Therefore this paper aims to discuss two key issues in child SLA by reviewing previous studies in terms of research perspectives and context. Common findings and conclusions are summarized. Implications for this area are proposed.

A review of research on reading comprehension of children from the perspective of embodied cognition, by Liu Yang (p.14)

Embodied cognition has raised new perspectives on cognition and language, and research has moved from theoretical argument to empirical and applied studies. Among the relevant theories, perceptual symbol systems, indexical hypothesis, conceptual metaphor and dual-coding theory have been used as theoretical foundations for empirical studies to investigate the role of embodied learning in reading comprehension of children. Results have demonstrated that embodied learning is effective in promoting children's reading practices. The present paper introduces these theories, summarizes their application in different types of texts and settings, such as reading concrete and abstract texts, reading strategies and second language reading context, and makes suggestions on future research applying embodied cognition in reading comprehension of children.

A systematic review of studies on information technology-based L2 young learners' reading: Comparative visualization study based on big data, by Li Yang & Xiaohan Xu (p.25)

This study adopted big data visualization journals from Web of Science and CNKI as the data sources. Bibliometrics, co-word analysis, and social network methods were adopted to conduct a quantitative comparison of the overall situation of children's L2 reading research in domestic and foreign information technology environments in terms of the distribution pattern of the subject, countries, journals, and keyword topic evolution. The results indicate that foreign research on children's L2 reading under information technology environment is more mature than that in China. The number of domestic articles published in the past two years has exceeded twice that of foreign countries. However, related theoretical and technical research is relatively lagging, and high-level research results are relatively few.

The role of phonemic awareness in Chinese children's English acquisition: A review of studies in China, by Yuxi Zhou & Yaping Chen (p.37)

Based on a comprehensive analysis of 20-odd years of domestic research into the role of phonemic awareness in children's English acquisition, this paper summarizes the development of this area over the years, the key issues under discussion and the existing problems. Three developmental stages have been identified by taking into account the number of published papers: the starting stage, the rapid development stage, and the stable development stage. Two key issues are found, namely, the impact of English phonemic awareness on Chinese children's English reading and spelling abilities, and the impact of Chinese phonemic awareness on Chinese children's English reading skills. The existing problems are discussed at the end of the paper.

Key factors in young learners' early reading in English, by Yaping Chen (p.47)

How to effectively promote young learners' reading in English has been a major concern of many educators. However, some educators are not aware of how young learners learn English as a second language and how reading develops. They practise some teaching methods without knowing their premises and conditions, which results in the low efficiency and loss of interest on the part of the young learners. The present paper, based on the author's thorough study of literature, summarizes 3 key factors contributing to early English reading development, namely, oral proficiency, decoding ability and intrinsic interest. It advocates the principle of taking oral proficiency as the starting point, followed by systematic decoding training, with constant focus on intrinsic interest building.

Classroom-based retrieval practice as a formative assessment tool in secondary school classes, by Tao Zhang & Rongping Cao (p.58)

Recent studies on retrieval practice effect have shown that active retrieval of information during learning leads to long term retention of information and reduces students' test anxiety. However, different types of retrieval practice have varied effects on retention of information. Conflicting results have been documented in reports of retrieval practice. In the current study, three English classes of native Chinese students with similar academic background in one secondary school were studied. Free recall and multiple choice quizzing together with after-retrieval feedback were added separately to two classes, and a control class was a natural class that received no intervention (i.e., retrieval practice). After 7-day delay, 19 volunteer students from each class sat in a test involving true-false and fill-in-the-blanks. The results revealed that free recall and multiple choice quizzing classes performed better than the class without retrieval practice; and free recall class was better than multiple choice quizzing class on fill-in-the-blanks items. According to the results, it is suggested that teaching of English in junior high school uses free recall as formative assessment tool in class for better performance in vocabulary acquisition.

A study on college students' difficulties in L2 reading memory and their coping strategies, by Jincheng Ni, Shuning Zhou & Xinyu He (p.68)

Reading memory is the cognitive behavior of memorizing information acquired during reading in the brain. This paper explores learners' difficulties in English reading and the factors that influence the effectiveness of their reading memory by means of questionnaires, investigates the strategies to deal with the memory problems of college students' English reading, probes into the degree of using relevant English reading strategies, and then puts forward the strategies of improving learners' English reading ability. The results show that, students' memory difficulties in English reading mainly include "insufficient vocabulary" and "easily forgetting reading information"; the factors influencing the effectiveness of English reading memory mainly include "learners' vocabulary", "degree of difficulty of reading materials", "language ability", and "reading concentration"; the strategies to deal with memory problems include "the interactive memory reading strategy", "the rehearsal strategy", and "enlarging English vocabulary". The strategies proposed in this study to improve students' L2 reading ability include strengthening the use of bottom-up, top-down or interactive memory reading strategies, carrying out lots of L2 reading practice and strengthening the learning of L2 knowledge.

An empirical study of the dynamic trajectory of students' English learning motivation, by Xiaolu Wang & Lianrui Yang (p.80)

This study explored a new construct called Directed Motivational Currents (DMCs) from the perspective of Dynamic Systems Theory (DST). Retrodictive qualitative modelling was used to trace the dynamic motivational trajectories of high school English learners by adopting a questionnaire tool specifically designed by Muir (2016) as well as through a semi-structured interview survey. Results revealed that three salient components were found within each DMC experience including goal/vision-orientedness, a salient facilitative structure, and presence of positive emotionality. In addition, several main factors initiating and sustaining this unique DMC experience were detected. These findings contribute to the field's understanding of the motivational dynamics of L2 high school English learners, and how this intense motivation can be stimulated and sustained. It is hoped that the results may generate valuable insights into areas of both L2 motivation research and L2 teaching practices.

Chinese EFL learners' motion event cognition, by Xuehui Liu (p.92)

Languages differ in how they encode motion events, which might influence speakers' cognition of motion events, and whether second language acquisition changes learners' original cognitive patterns needs further research. Focusing on the components of path and manner/cause of motion events, this study employs a similarity judgment task conducted by E-Prime to investigate Chinese EFL learners' categorization preferences and reaction time which are compared with those of native speakers of Chinese and English, to explore how second language acquisition influences motion event cognition and whether second language proficiency plays a role in this process. It was found that: 1) native Chinese speakers paid more attention to path while native English speakers focused more on manner/cause, and EFL learners' motion event cognition is between that of native speakers of Chinese and English; 2) EFL learners' motion event cognition gets closer to that of native English speakers with the increase of English proficiency. Overall, the results suggest that EFL learners' motion event cognition tends to be restructured during second language development.

Second language classroom discourse research: Theories and reflections, by Zaibo Long & Jinfen Xu (p.107)

This paper first reviews how cognitive-interactionist theory and SCT, two most-widely adopted theories in Second Language (L2) classroom discourse research, contribute to L2 classroom discourse, and then briefly presents other theories such as CA, complexity theory, language socialization, which are burgeoning in classroom discourse research. Building upon the research under these theories, it is proposed that future research (1) view L2 classroom discourse from multiple theories to gain a more in-depth understanding of its nature; (2) adopt a transdisciplinary orientation towards L2 classroom discourse to explain its variability and complexity; (3) employ more than one data collecting technique to gain richer insights about the context, so as to provide implications for teachers' intervention, and to improve reliability and validity of the research through data triangulation; (4) promote teachers' action research based on their own classroom context to achieve their professional development and improve the effect of the classroom interaction.

A review of L2 Chinese acquisition of *Ba* constructions, by Qiyu Sun & Hui Chang (p.118)

As one of the most distinctive constructions in Chinese, the *Ba* construction has been hotly discussed by scholars both at home and abroad. Although ontological studies on the *Ba* construction can be traced back to 1924, studies on its L2 acquisition began to emerge from 1993 when Jin first combined research on the *Ba* construction with that on SLA, and are still very limited. This article firstly reviews existing research on L2 acquisition of the *Ba* construction in formal linguistic approach and cognitive linguistic approach respectively, and then comments on those studies from the perspective of their content and methodology. In the end, the present study analyzes current progress and limitations in this field, in hope of inspiring future research.

格式体例

实行网上投稿，网址为http://chinasllr.cbpt.cnki.net。请参照本格式要求和网站上的相关要求，进行投稿。

1. 稿件构成

- 论文中文标题、中文摘要、中文关键词、论文正文（含参考文献）
- 论文英文标题、英文摘要（另页）
- 附录等（如果有）
- 作者姓名、单位（中英文）、通信地址、电话号码、Email地址

2. 摘要与关键词

论文须附中、英文摘要；中文摘要200—300字，英文摘要150—200词。另请择出能反映全文主要内容的关键词2—4个。

3. 正文

3.1 结构层次

正文分为若干节（section），每节可分为若干小节（subsection）。

3.2 标题

节标题、小节标题独占一行，顶左页边起头。

节号的形式为1、2、3……，节号加小数点，然后是节标题；节号后加顿号，然后是节标题。

小节号为阿拉伯数字，形式为1.1、1.2、1.3……，1.1.1、1.1.2、1.1.3……。小节号后空一格，不加顿号或小数点，然后是小节标题。

3.3 字体

正文的默认字体为宋体五号。

英文倾斜字体的使用范围主要是：

（1） 词作为词本身使用。如：

The most frequently used word in English is *the*.

（2） 拼写尚未被普遍接受的外来词。如：

Jiaozi is a very popular food in China.

（3） 书刊等的名称。

（4） 统计量，如SD，M，t，F，p等

图表的字体可根据需要换为较小的字号。

3.4 图表

图标题置于图的下方，表标题置于表的上方。

图号/表号的格式为"图/表+带小数点的阿拉伯数字"。

图表的字体一般为宋体小五；如果需要，可以适当采用较小的字号。

图表的行距为单倍。

3.5 参引

一切直接或间接引文以及论文所依据的文献均须通过随文圆括号参引（in-text parenthetical reference）标明其出处。

参引的内容和语言须与正文之后所列参考文献的内容和语言一致。

作者名字如果是英文或汉语拼音，不论该名字是本名还是译名，参引时都仅引其姓。其他民族的名字或其译名如果类似英文名字，参引时比照英文名字。转述某作者或某文献的基本或主题观点或仅提及该作者或该文献，只需给出文献的出版年，如：

陈前瑞（2003）认为，汉语的基本情状体分为四类，即状态、活动、结束、成就。

直接或间接引述某一具体观点，须给出文献的页码，格式是"出版年：页码"，如：

吕叔湘（2002：117）认为，成作动词时，有四个义项：1）成功、完成；2）成为；3）可以、行；4）能干。

如作者的名字不是正文语句的一个成分，可将之连同出版年、页码一起置于圆括号内。如：

这是社交语用迁移的影响，即"外语学习者在使用目的语时套用母语文化中的语用规则及语用参数的判断"（何兆熊 2000：265）。

圆括号内的参引如果不止一条，一般按照出版年排序。同一作者的两条参引之间用逗号隔开，如：Dahl（1985，2000a，2000b）；不同作者的参引之间用分号隔开。

文献作者如果是两个人，参引时引两个人的名字。中文的格式是在两个名字之间加顿号，如"吕叔湘、朱德熙（1952）"；英文的格式是在两个姓之间加&号，表"和"，如Li & Thompson（1981）。

文献作者如果是三人或三人以上，参引时仅引第一作者的名字。格式是在第一作者的姓之后加拉丁语缩略语"*et al.*"，如"夸克 *et al.*（1985/1989）""Quirk *et al.*（1985）"，*et al.*为斜体。

3.6 随文圆括号夹注

除了用于参引外，随文圆括号夹注主要用于提供非常简短的说明、译文的原文以及全名的缩写或全称的简称。如：

对于莎士比亚学者来说，最重要的词典有两部：一部是19世纪70年代德国人Alexander Schmidt以德意志民族特有的勤奋及钻研精神编纂的两卷本巨著*Shakespeare Lexicon and Quotation Dictionary*（1874/1902/1971，以下简称*Lexicon*），另一部是*Oxford English Dictionary*（1884—1928/1989，通常简称*OED*）。随文夹注的字体同于正文的默认字体。

3.7 脚注

一般注释采用脚注的形式，即在正文需注释处的右上方按顺序加注序号1、2、3、……，在正文页脚写出对应序号1、2、3、……和注文。

3.8 例证 / 例句

例证/例句宜按顺序用（1）（2）（3）……将之编号。每例另起一行，左缩进一个中文字符。编号与例句之间不空格，回行时与上一行例证/例句文字对齐。外文例证/例句可酌情在圆括号内给出中译文。

4. 参考文献

每一条目首行顶左页边起头，自第二行起悬挂缩进两字符。

文献条目按作者姓名（中文姓名按其汉语拼音）的字母顺序排列。

中文作者的姓名全都按姓+名的顺序给出全名。英文仅第一作者的姓名（或汉语拼音姓名）按照姓+名的顺序给出，姓与名之间加英文逗号，其他作者的姓名按其本来顺序给出。英文作者的名仅给出首字母。

中外文献分别排列，外文在前，中文在后。

同一作者不同出版年的文献按出版时间的先后顺序排列，同一年的出版物按照文献标题首词的顺序排列，在出版年后按顺序加a、b、c以示区别。

外文论文（包括学位论文）的篇名以正体书写，外文书名以斜体书写。篇名仅其首词的首字母大写，书名的首词、尾词以及其他实词的首字母大写。

篇名和书名后加注文献类别标号，专著标号为[M]，论文集为[C]，论文集内文章为[A]，期刊文章为[J]，尚未出版之会议论文为[R]，博士学位论文和硕士学位论文为[D]，词典及其他为[Z]，网上文献为[OL]。

期刊名称后的数字是期刊的卷号，通常是每年一卷，每卷统一编页码。如没有卷号只有期号，则期号须置于圆括号内；如有卷号但每一期单独编页码，须在卷号后标明期号并将期号置于圆括号内。通常中文期刊，只在圆括号内写明期号，外文期刊的卷号和期号都要注明。

每条顶左页边起头，回行时悬挂缩进两个中文字符。

图书在版编目（CIP）数据

第二语言学习研究. 第十一辑 ／ 蔡金亭主编. —— 北京 ：外语教学与研究出版社，2021.6
ISBN 978-7-5213-2761-8

Ⅰ．①第… Ⅱ．①蔡… Ⅲ．①第二语言－语言学习－研究 Ⅳ．①H003

中国版本图书馆 CIP 数据核字 (2021) 第 127422 号

出 版 人 徐建忠
责任编辑 解碧琰
责任校对 李海萍
封面设计 范晔文 彩奇风
出版发行 外语教学与研究出版社
社　　址 北京市西三环北路 19 号（100089）
网　　址 http://www.fltrp.com
印　　刷 北京九州迅驰传媒文化有限公司
开　　本 787×1092 1/16
印　　张 9
版　　次 2021 年 7 月第 1 版 2021 年 7 月第 1 次印刷
书　　号 ISBN 978-7-5213-2761-8
定　　价 25.00 元

购书咨询：（010）88819926 电子邮箱：club@fltrp.com
外研书店：https://waiyants.tmall.com
凡印刷、装订质量问题，请联系我社印制部
联系电话：（010）61207896 电子邮箱：zhijian@fltrp.com
凡侵权、盗版书籍线索，请联系我社法律事务部
举报电话：（010）88817519 电子邮箱：banquan@fltrp.com
物料号：327610001

记载人类文明
沟通世界文化
www.fltrp.com